Terres mortes

Núria Bendicho Giró

Terres mortes

EDITORIAL ANAGRAMA
BARCELONA

Il·lustració: © Alberto Ámez, VEGAP, Barcelona, 2021

Primera edició: gener 2021
Segona edició: maig 2021
Tercera edició: setembre 2021
Quarta edició: gener 2022

Disseny de la col·lecció: Ggómez i Estudio A

ISBN: 978-84-339-1588-7
Dipòsit legal: B. 20276-2020

Printed in Spain

Romanyà Valls, SA
Sant Joan Baptista, 35, 08789 La Torre de Claramunt

El dia 20 de gener de 2020, un jurat compost per Mita Casacuberta, Guillem Gisbert, Imma Monsó, Jordi Puntí, Isabel Obiols i Silvia Sesé va atorgar el 5è Premi Llibres Anagrama de Novel·la a *No soc aquí,* d'Anna Ballbona.

En la deliberació final, també es va tenir en compte la novel·la *Terres mortes,* de Núria Bendicho Giró, molt ben valorada pel jurat, que en va recomanar la publicació.

1. NEN

Els ulls de la mare semblaven més morts que els d'en Joan. Premia amb la mà esquerra el genoll del seu fill i amb l'altra es netejava les dents tot rascant-se amb les ungles fins els buits coberts de geniva negrosa. Feia tres hores que estava així. De tant en tant xuclava la saliva sanguinolenta i reprenia la tasca amb una persistència encara més viva. Ma germana dansava amunt i avall canviant l'aigua de la gibrella per una de més fresca i s'encarregava, mentre donava el pit a la nena, de posar draps humits al cap del moribund, a qui el deliri de la febre semblava no abandonar. Jo no sabia ben bé on posar-me. A voltes entrava dins la cambra i l'observava una estona. Després sortia a fora i mossegava tabac amb el pare mentre el seu silenci sota l'ombra em feia patir més l'espera. I llavors com un traïdor fugia a passejar per la vora del rierol que regava l'hort i observava com els meus germans, d'homes com eren, fins en moments com aquests treballaven la terra.

Recordo que feia un dia molt bonic i només jo m'havia aturat a mirar els núvols. Eren llargs i prims i després es perdien com els ocells ennegrits que giravoltaven i fugien i tornaven i amunt i avall i no deixaven que els contemplés bé. El sol tacava en els meus ulls les seves plomes de negre. Grallaven molt fort i jo els seguia amb més alarits i salts com una bèstia i així passava l'espera. L'espera més llarga de totes, perquè era la mateixa espera que tots tard o d'hora hauríem de passar. I jo sabia que, mentre esperàvem la seva espera, tots esperàvem més que mai la nostra, perquè la mort és la mort i la por de la mort és la mateixa quan li toca a un o li toca a un altre, perquè tots sabem que ens ha de tocar a tots. I la seva espera era llarga i dolorosa. Cada vegada que m'hi atansava, ell insultava sense insultar ningú, i no havia estat mai un home d'escomeses. Però la mare m'havia dit que no li fes cas perquè aquesta vegada desvariejava, que el meu germà parlava sense dir res perquè les seves orelles eren incapaces d'escoltar les seves pròpies paraules.

Havia estat primer el vent qui cridava fort quan la passada nit un tret d'escopeta ens havia despertat a tots. I els altres crits dissonants, desesperants, van ser els qui ens van conduir més enllà del turonet que des que tenim memòria presideix l'entrada del camí a l'estable. Allí hi havia en Joan.

El pare i en Pere van intentar aixecar-lo per les espatlles, però les seves cames ja no tenien força. No parava de cridar. Vaig comprendre que per la boca se li escapava la vida. El van agafar pels braços i van provar d'arrossegar-lo. Els crits continuaven. Llavors en Pere va fer aturar el cos bullent d'en Joan durant un instant i es va posar darrere seu per agafar-li els peus i d'aquesta manera remolcar-lo. El pare va reprendre la marxa cap al casal. La Maria els seguia fixant la mirada en els bassals de sang que anaven deixant enrere. En Tomàs no ajudava. I jo avançava uns metres, corrent, desitjant explicar-ho a la mare, repensant-m'ho després i desfent-los, desitjant ajudar en Joan, que repetia: Fill de puta, fill de puta!

Vam arribar a casa al cap d'un quart d'hora i la mare només veure'l va ordenar que el duguéssim al llit. I així és com va acabar aquí, en aquesta habitació de fàstic, abans que la mare l'arreglés per a la mort. Durant tres anys, ningú va saber on s'havia amagat en Joan, però el dia que va aparèixer per la porta quan la mare ja feia temps que l'havia planyut com un fill mort, ella, com a càstig, li va manar que s'instal·lés a la pitjor cambra. Potser era per això que la mare aquesta vegada no el planyia; ja ho havia fet llavors. Era la cambra amb menys llum de totes i també la més petita. El matalàs estava esquinçat i la palla et foradava la pell com agulles. Aquesta vegada, sobre el capçal hi tornava a haver la creu que la mare temps enrere havia arrencat. Feia olor de fred, de dolor, de podrit.

Era la criatura, qui somiquejava ara en aquella cambra, i sa mare ni la sentia, massa ocupada amb el febrós germà gran. La hi vaig llevar amb força del pit. La Maria sempre m'escridassava quan amb la mà la feia penjar de les cames com si fos un conill. Aquesta vegada no em va dir res. Vaig endur-me-la d'allí. Ningú va fixar-se en nosaltres; ni sa mare, ni la meva, ni en Joan, ni el pare, que persistia quiet allí fora; tampoc la gossa, que semblava morta sota la solana i sobre aquell ardor de la terra que volia deixar-nos sense aire, evaporar el que ens quedava de sang. El dia era massa violent, m'asfixiava. Jo quasi no suava, però la criatura sempre transpirava molt. No podia parar de preocupar-me'n. La mare deia que havia sortit malmirrosa pel pecat del mal part. Per aquest motiu jo pixava a terra i amb el llot li feia un vestit sobre la pell fosca que la Maria no li havia cobert amb draps. Així la suor calenta no s'escapava pels traus de la pell. La meva obligació era protegir-la de la mort. Es diu que les coses creades sempre moren i que cada vegada que la terra es mou es mor un nadó. També que fins les criatures ho saben. I jo espiava la terra i m'adonava que el vent, l'aigua o les passes la movien, i que mai acabava de ser la mateixa. I jo tenia quinze anys i ja no era un nadó i la nena no tenia pare i jo era el seu oncle. Jo l'havia de protegir de la mort.

Però aquell dia per primera vegada no suava sota els rajos del sol. I un cop als meus braços va abandonar el ploriqueig. Vaig sentir com el pare fotia un crit i manava a la Maria parar la taula. Amb l'ensurt, cap de nosaltres havia menjat res. També els meus germans van sentir el toc i van amuntegar els estris.

L'escudella feia quatre dies que era a l'olla. Com més temps reposava la teca menys dura se't feia la vida al camp. Però aquest remei no devia servir per suportar la duresa de la imminent pèrdua d'un fill, ja que la mare va preferir no menjar-ne. Ni tan sols aparèixer per olorar-ne el baf. L'escudella estava freda. A taula, a cada cullerada la família sencera empassava desconfiança. L'un amb la mirada culpava l'altre i aquest un altre i així ningú deia res. Només la criatura a voltes emetia algun xiscle. En la malfiança vaig caure que el fill de puta havia d'haver estat algú dels de casa. La gana em va abandonar. O vaig ser jo qui vaig abandonar-la.

Llavors va entrar la mare a la cuina. Va dir que s'havia acabat tot. Duia un regalim de plor que li netejava la galta bruta. Jo mai havia vist plorar la mare. La mare no era com la Maria. Els plors són d'aigua i en l'aigua és on moren les dones perdudes. En la profunditat de l'aigua la dona s'observa a si mateixa perduda en si mateixa. En els remolins de l'aigua s'enfonsen les tristors femenines, els somnis que no seran mai. La Maria era una dona perduda. I jo l'espiava quan nua s'endinsava al pantà. Deixava la tovallola a la terra humida i després de mullar la pedra de sabó s'hi acariciava el cos abans de sucar-se. I jo sabia que li feia por desitjar quedar-se allí per sempre i per això vacil·lava uns instants abans d'enfonsar el primer peu. Tenia un cos molt bonic. Era molt més bell que el de la mare. També el rostre. Ho sabia perquè un dia havia enxampat el pare, amb els ulls plens de pena, bufant una fotografia coberta de pols. Després la va amagar sota el pot de tabac. I la fotografia era de la mare a l'edat de la Maria, però més lletja que ella i amb el mateix vel de tristor, acompanyada del meu pare i d'un home que jo creia que era el meu avi. Però la mare no plorava com la Maria.

Quan sortia del pantà, sanglotejava i s'havia de mullar la cara tres cops més. També quan vestia la nena. I a la nit tots la sofríem però ningú li deia res. No et mirava mai als ulls. I la seva pena era una pena que s'encomanava. I jo sabia que de petita no era així, perquè em deia que havia jugat amb mi moltes hores, i m'ho deia amb una veu de nostàlgia que em feia patir. I m'explicava que jo havia de riure i que no havia de tenir criatures encara, perquè un dia busques els records d'infància i, com que no els trobes, desesperes perquè sospites que ja s'han perdut, i ets tu qui se'ls ha carregat. Però a mi em costava riure, i quan ella estava molt trista jo havia de cuidar la criatura. Penso que has de viure com si fossis mort. Si ets mort, la Maria no et pot arrossegar a l'abisme. Però jo estava viu i no podia escapar-me de la pena de la Maria, i era el meu germà qui estava mort.

A la cuina tothom sospitava de tothom menys el pare, que semblava més enamorat que mai de la mare i amb els ulls quasi fora del cap li suplicava compassió. El pare sempre havia estat un bon home i ara semblava un nen orfe i jo l'hauria abraçat. Però la mare no. Ni tenia intenció d'abraçar-lo ni semblava adonar-se que ell l'observava. Ella només mirava en Tomàs molt fixament, el seu fill preferit, buscant una mica de consol per a una mare que tota la vida caminaria morta.

La Maria va demanar al pare permís per aixecar-se i va descurar la sopa, que ni havia tastat. Vaig decidir seguir-la. La vaig trobar allí, observant en Joan. La mare ni li havia tancat els ulls. De lluny la nena cridava. Cridava molt. La Maria mirava el mort amb el cap inclinat. La llum semblava reflectir només aquella pal·lidesa bruta de mort. De la boca d'en Joan en sortia negror, com si en l'últim alè hagués expulsat la malenconia de tants anys tristos. La mucositat negra havia tacat els llençols. Tenia un puny tancat i les ungles clavades a la pell.

Sense dir-me res, sense ni tocar-lo, de sobte ella va sortir a fora. Jo semblava la gossa, darrere tothom. El camp era sec. L'aire, calent. I el sol daurava les fulles mortes i les vives. Va deixar les sabates sota el marc de la porta i va començar a avançar amb els peus nus. La terra cremava. Els peus li cremaven. Els cabells li cremaven i s'enlairaven i volien fugir dels seus crits, però no podien, perquè ningú pot fugir del lloc que li correspon. Jo tenia ganes de cridar també, però no podia, perquè el meu cos també patia i em clavava les dents sobre el llavi. I va sortir el pare i com jo no deia res. Com jo no feia res. I la Maria cada vegada es bellugava més i els seus peus cada vegada saltaven més i la criatura cada vegada cridava més. I va sortir en Pere i la va recollir. La duia en braços com si la Maria fos la criatura. I jo vaig córrer i li vaig atrapar els peus amb força. Els hi premia amb desig irat per aturar la plorada. Volia clavar-li bufetades perquè aquesta vegada no suportava les seves llàgrimes. No plorava per la mort d'en Joan; plorava per ella. Ara sí que es sentia sola. Sola de veritat. I eren llàgrimes abraçades amb crits. I la criatura continuava cridant però només la sentia jo.

Quan la Maria es va haver asserenat una mica, en Pere la va deixar anar i amb la mà dreta la va estirar dels cabells i la va estrènyer contra el seu pit. I li deia que no patís, que no morim del tot. Que res no mor mai del tot. I a mi m'hauria fet fàstic, perquè en Pere suava molt. I ella ens cridava i deia que no ho enteníem. Que sabíem qui l'havia matat i que no ho enteníem. Que l'havia matat qui ens havia matat ja feia anys a nosaltres també. A tots nosaltres. Però jo no sabia qui l'havia matat ni qui m'havia matat ni que jo estigués mort. I la mare va venir i li va fotre la bufetada. I tot es va fondre en silenci, en aire, en terra, en camp.

El pare seia als esglaons de l'entrada amb la criatura als genolls. Vaig veure dos coàguls de flegma expulsats amb dolor que anaven a petar al cap de la nena. El pare sempre havia fumat molt. Va dir que no teníem caixa i que algú hauria de baixar al poble a buscar-ne una. El viatge era molt llarg. Vivíem molt lluny de tot i jo només hi havia baixat dues vegades, al poble, i quan hi havia baixat havia vist coses que m'hauria agradat tornar a veure. Però ara no volia baixar. No volia abandonar en Joan i tenia por de tornar i trobar-me algú altre mort o que l'assassí em matés a mi també pels camins i que les cigales cantessin d'orgull i que em mengessin i que no em deixessin estar com quan als matins no podia dormir. La mare deia que els animalons es mengen els cossos un cop morts. Que ho havia vist amb la seva mare. Potser és per això que en Pere deia que no acabem de morir mai del tot. Perquè les mosques, els cucs i les cigales aviat tindrien una part d'en Joan. I a partir d'ara en Joan cantaria amb les cigales cada dia per recordar-me que estava mort i a mi encara em costaria més oblidar-lo.

L'únic que no s'havia mogut de la taula era en Tomàs. No feia més que treballar. No parlava quasi mai. A les nits fumava sota les estrelles amb el pare, però tampoc es deien res. Cap dels dos parlava gaire. S'assemblaven molt. Els fills grans s'assemblen als pares. Era en Joan, qui sempre m'explicava coses, o potser era l'únic que tenia res per explicar, per haver marxat tres anys i haver vist més coses que jo al poble els dos dies que hi havia baixat. I el pare no havia sortit mai del poble o de la contrada. Tampoc en Tomàs, i segur que ja no ho faria mai més perquè tenia més de trenta anys i ja era gran. I no tenia dona ni fills. Ni paraules, ni il·lusió, ni amabilitat. Jo sempre havia pensat que m'odiava perquè no jugava mai amb mi i algun cop l'havia enxampat amanyagant la criatura. I quan el mirava als ulls sempre em mantenia la mirada fins que em feia por i jo fugia. Tirava el paquet de tabac a terra quan li demanava que me'n donés, com si no em volgués tocar. Com si s'avergonyís de mi. Com si li fes angúnia.

Però per a sorpresa va ser ell qui va dir que baixaria al poble a buscar la caixa. I en Pere li va dir que no, que tot sol no podria. I el pare va insistir a acompanyar-lo. I la Maria li va dir que no, que ell ja era massa vell. I el pare, després de deixar la criatura a terra, va dir que necessitava ferho ell. I ningú els va dir res més i els dos van partir cap al poble.

Des del casal vèiem moltes muntanyes. S'alçaven fortes, però la calor les feia tremolar als ulls. Les roques semblaven malaltes, amb plantes mortes enganxades. Roques fortes amb pigues negres. El sol ho matava tot. I de les negrors en sortien fils secs de poca vida. Espígol i farigola. La Maria sempre penjava amb cordills ramets d'espígol per tota la casa o en posava dins la cassola i els bullia molta estona com deia que feien les bruixes per calmar els nervis. I el dia que en Joan va tornar a casa l'havia enxampat olorant el ramet de la porta de l'entrada. I jo sabia que en Tomàs el devia veure arribar perquè treballava els tomàquets que voregen el camí però no li va dir res i jo sí que vaig córrer a saludar-lo. M'estava sobre una roca mirant les formigues i vaig entrebancar-me i vaig clavar-me tot de fullaraca plena de punxes. Llavors en Joan me la va treure abans de saludar-me i em va dir que no patís, que la sang era com la vida, que a poc a poc va sortint però que arriba un moment que ja t'és igual. Que això és fer-se gran. I vaig arrencar grans blavosos d'espígol i em vaig posar a mossegar-los.

Havia tornat molt negre. La pell molt bruna, els cabells molt foscos i les ungles molt brutes. Era l'únic de la família que tenia els ulls verds. Uns ulls verds que sempre observen, deia. Duia pa i una mica de xoriç dins una bossa. Recordo que el vent bufava fort i que els seus cabells volien que callés quan m'explicava coses, perquè li atacaven els ulls i havia de tancar-los i parar i passar-se les mans per la cara. Havíem anat més enllà de la Roca Negra perquè volia veure'm a mi abans que als altres. I amagats menjàvem el pa i el xoriç i les formigues m'oloraven els dits vermellosos sense atrevir-se a fotre'm queixalada. I després de cada història, en Joan somreia com si li fes pena ser aquí i em passava suaument una mà per la galta.

No em va explicar per què havia marxat ni per què ara tornava. Per mi els dies havien passat molt lents. He après moltes coses, va dir-me, collons si n'he après. Havia vist una dona rossa. L'havia conegut en un hostal on havia treballat una temporada. Els homes li pagaven diners i ella s'obria de cames. I jo no entenia per què els homes li pagaven diners per obrir-se de cames. I em va dir que ja ho entendria o que algun dia ho hauria de fer perquè era millor que contemplar les estrelles o llevar-se i estirar els braços ben amunt per destesar-los. Que quan una dona s'obria de cames el cel no existia, tampoc tot allò per què un fuig: ni els homes, ni el temps. Repetia que ara ell entenia més en Tomàs, però que encara no podia perdonarlo ni sabia per què ell mateix era aquí, per què havia tornat, i que potser era perquè jo encara era aquí. I jo m'alegrava que fos aquí i només tenia ganes de jugar amb ell. Volia ensenyar-li els peixets de terra que havia fet amb el fang de la vora del rierol i com, quan els tornava a l'aigua, s'esfumaven. Les figures s'hi desfeien i la terra tornava al lloc d'on havia sorgit.

Però, amb la curiositat de les seves històries, jo també volia que una dona s'obrís de cames davant meu. I no va ser fins tres dies més tard que vaig demanar-li a la mare que ho fes i em va cridar que què m'havien explicat i el got de llet que jo duia a les mans va caure a terra i ella va marxar i ningú va netejar el desastre en dos dies. La llet feia molta pudor i tenia formigues mortes enganxades.

Va ser la Maria qui ho va netejar. Ho sé perquè va cridar el meu nom molt fort i un cop davant em va renyar. Que si ho tornava a fer em pegaria. Que em pegaria o em faria pagar la llet. I jo li vaig dir que sí, que no ho faria mai més, perquè si hagués dit alguna altra cosa encara hauria rebut més. Perquè sempre et cridava d'aquella manera tan forta que si no la coneixies podies pensar que era dolenta de naixement. Però les persones dolentes no ploren. Només ploren les persones que pateixen molt. I no sabia què li passava, però això rai, perquè el que jo veia quan la mirava era sofriment. I em costava molt no fer-ne cabal, perquè la seva sang era la meva i menjàvem sota el mateix sostre.

Vaig ser el primer dels germans d'assabentar-me que s'havia quedat prenyada. Com un palafrener que la seguís on fos que anés, l'havia acompanyat a rentar la roba. De tant en tant la mirava de lluny, assegut en un socó sec, mal tallat no sé pas per qui, perquè aquestes terres eren només nostres i el tall de destral era massa maldestre. Jo feia dies que havia començat a barbar i tenia un pèl que intentava treure'm amb violència mentre premia les barres amb molta força. I amb el cap ben amunt per força havia d'observar-la perquè havia començat a fer moviments estranys, com si ballés com una boja. Feia petits crits de fera menuda. Hi havia una abella que no parava d'emprenyar-la. Va aixecar la pala amb què havia estat tupant la roba i li va començar a donar cops. Vaig cridar-li que parés, que si tu els pegues elles et piquen. Però no m'escoltava. Com una pertorbada l'empaitava rabent i descalça i s'anava fent sang als peus perquè les pedres somes del costat del rieró estaven bastant afilades. Eren pedres que baixaven de les muntanyes, d'aquelles que en Pere deia que s'havien trencat amb el fred.

Quan va parar de cridar vaig acostar-m'hi per recollir les calces que havia estat netejant i que havia deixat caure al fang un cop li havia entrat la histèria. Tornen a estar brutes, vaig dir-li. I brutes que haurien d'estar, em va contestar. Es va fer un silenci que no vaig entendre fins que seguidament em va dir que haurien d'estar plenes de sang. Quan no tens sang tens una criatura. Qui t'ho ha dit? La mare. I qui és el pare? No tindrà pare per culpa de la teva mare. I va remarcar que era la meva mare com si no fos també la seva, com renunciant al ventre que l'havia engendrada. L'única cosa que vaig poder preguntar-li era si volia la criatura. Vull que es mori i morir-me jo també, i no va dir res més. Va tornar a agafar la pala de rentar amb les calces enfangades i es va ajupir de nou per acabar la feina.

Llavors acabava de marxar en Joan. No s'havia acomiadat de ningú i en Pere m'havia dit que al poble es comentava que s'amagava a les muntanyes, preparant-se per a la guerra que tots sabien que tard o d'hora arribaria. I tu t'ho creus?, vaig preguntar. No gaire. De fet, gens ni mica.

I amb la partida d'en Joan havia arribat l'estiu. Es tornaven a sentir les cigales. L'aire grogós de sempre impregnava els camps plens d'herbes mortes. Les hores passaven més lentament i la gossa estava més bruta que mai. Just me la mirava quan la mare em va dir que havia de baixar al poble. T'hi puc acompanyar? Sí, però espavila, perquè és força temps de caminada i vull tornar abans que sigui fosc.

Va ser llavors quan vaig baixar per primera vegada al poble. La mare no va dir-me res durant tot el camí ni tampoc va donar-me cap explicació, i jo no entenia per què baixàvem si no dúiem cap farcell ni havia passat res que jo pogués veure com una excusa per anar-hi. Ningú hi baixava sense motiu. I menys una dona com la mare, que no sofria la gent i sobretot si li parlaven de les seves històries, i als pobles és on hi ha més gentada. En tenia prou amb si mateixa i amb el pare, a qui jo sabia que en realitat no suportava, perquè era un home que parlava massa lent i ella sempre havia pensat massa ràpid.

Durant el camí poques vegades vam trobar ombra. Recordo que jo no podia parar de pensar obsessivament que el sol em tornaria a cremar la pell que el dia abans se m'havia fet roja i m'anava estirant les mànigues cap avall i aguantant-me amb les dents el mocador del coll per tal que em tapés més parts de la cara. Només que girés una mica el cap a banda i banda, la pell de sota les orelles em tibava. Ella caminava maldestrament, com si en cada passa s'hagués de torçar el turmell. Quan vam parar a descansar vaig trobar una cua de llangardaix. Tancant un ull, alçant la cua amb la mà, vaig intentar tapar els rajos del sol, tot mirant-lo fixament, sense aconseguir-ho gaire. Era molt dura i molt aspra. La hi vaig mostrar a la mare. Però ella només em va somriure com quan no t'escoltava però hi havia alguna cosa dins seu que sí que ho volia fer. I aleshores vaig ficar-me la cua a la boca, com si fos un caramel, i vaig usar la pell de l'animaló per rascar-me la llengua, que feia estona que em picava. Em va alleujar.

El poble era del color marró de casa meva. Les pedres de les parets estaven foradades i habitades per pols i aranyes de potes llargues. Vam entrar pel carrer principal. Aquest és el carrer Ample, em va dir. Es diu així perquè és ample. A tots els pobles sempre hi ha un carrer més ample. I el vam recórrer tot fins quasi al final. Allà hi havia nens una mica més petits que jo que jugaven i quan em van veure van aturar-se i van mirar-se entre ells amb cara de no saber si riure o tirar-me pedres. Era la primera vegada que em passava i m'hauria agradat travessar aquell tros amb més rapidesa, però la mare m'havia tingut sent ella ja molt gran i les seves passes ara s'havien tornat de vella. Així que vaig passar per allí amb els ulls quasi tancats, capcot, com si comptés les passes i no sentís les rialles ni el so mort de la pilota que havia aturat el joc per poder-me mirar de dalt a baix.

Les dones de la vila havien decorat la sorra de la plaça, la font i les finestres amb plantes i flors. La majoria eren blanques, vermelles i mig grogoses. Els vasos de terrissa eren marronosos, envernissats; els grans a terra, els petits als finestrons. A mi m'agradava el contrast del verd de les tiges i les fulles grosses sobre el color terra del sòl. S'havien reunit a la plaça, assegudes en cadires de palla seca mal lligada, i les més grans tenien l'esquena corba. Totes anaven amb bata. I les més joves, eixancarrades, es refrescaven menjant cireres i escopint els pinyols pel forat que els quedava entre les cames. Parlaven d'una en una amb pauses llargues mentre miraven cap avall amb les celles arrufades perquè el sol taronjós de mitja tarda no deixava que fos d'altra manera. També reien sense somriure, com cridant i respirant cap a dintre alhora. Només hi havia ombra dins una porta oberta de fusta. De tant en tant volava prop de la meva orella alguna abella o veia algun espiadimonis que olorava l'aigua d'una font plena de pedres i branquillons i fulles que hi suraven. Estem a punt d'arribar. On anem? A l'església.

Però la mare no havia baixat mai abans a l'església. Deia que només era per als rucs que no saben ben bé de què va tot. Has vingut a resar per en Joan? Jo no sé resar ni vull fer-ho. Déu no necessita res de tot això i el que jo faci o deixi de fer no crec que li tregui pas el son. I per què has vingut? Tu espera'm assegut a la porta. I vaig seure als esglaons com sempre quan feia tot el que em deia, quan deixava de fer tot allò que els altres feien perquè no m'havia ensenyat mai a fer-ho, perquè jo era l'únic dels fills a qui no havia explicat mai que sempre hi ha coses per fer. Però ja feia tres mesos d'ençà de l'últim núvol negre de pluja i aquella calor a aquelles hores era insuportable fins i tot per a les bèsties més dures. A l'església no hi entrava l'escalfor del sol. Només hi entrava la llum clara que brillava més que mai sobre la pintura blanca i bruta del guix amb què havien fabricat els murs d'aquella única peça del poble que tenia la porta de fusta decorada amb sanefes. Era una porta molt gruixuda, però no pas gaire pesada; no em va ser gens difícil empènyer-la amb la mà ni tampoc va grinyolar més enllà de fins on les meves orelles podien sentir-la, ja que a dins l'església no hi havia ningú.

Les finestres eren petites i altes però hi havia més llum que a casa. Tot estava molt ben endreçat: dues rengleres de bancs, petitons, s'escampaven des dels meus peus fins a l'altar. Més enllà hi havia dues estatuetes, a banda i banda, les ombres de les quals no havia vist mai: unes ombres més tènues, menys fosques que les del camp, com més refinades, que ballaven amb la llum blanca que ho inundava tot, que ho perseguia tot menys a mi, perquè jo avançava lentament per aquella quietud, sense destí, tallant-la sense sentir-m'hi a dintre. I tot just observava una dona esculpida en fusta, desgastada, despintada, que mirava el seu nadó, quan vaig sentir una cosa que ben bé podia haver estat un so si no fos perquè no ho era. Era una mena de crit sense so, que naixia de dins d'algú que en aquell moment patia molt. Algú que era a prop meu, de qui podia notar la respiració. Una respiració muda que tanmateix jo sentia. I la vaig seguir, procurant no arrossegar els peus, procurant no ser vist, perquè temia que la mare em descobrís i em castigués amb la seva indiferència.

I no m'equivocava. La cara de l'home mirava la mare amb un temor atroç, amb el mateix temor que sentia jo quan caminava sol per la muntanya i el vent bufava fort i era com si un monstre negre em vingués a buscar fent-ho trontollar tot, escopint brogits i esgarrapant les fulles dels arbres, i aleshores a mi no se m'acudia res més que mirar a banda i banda per cercar-lo, com si un cop havent-la mirat als ulls la por es fes més petita, com si el fet de tenir el monstre localitzat d'alguna manera em protegís. I aquell dia la mare era clarament el monstre i l'home clarament pretenia no afluixar la mirada, no parpellejar ni un segon per no perdre'l de vista ni un instant, per petit que fos. Però aleshores a mi em va venir tos i l'home em va mirar per instint, sense haver-ho premeditat, i en veure'm va obrir encara més els ulls, però dins seu ja no hi havia temor sinó ràbia, una ràbia profunda contra mi que també sense so vaig poder sentir, perquè per culpa meva no li havia pogut aguantar la mirada al monstre i aquest havia aprofitat per cruspir-se'l. O no, potser no era por, no era ràbia. Era vergonya –com ell mateix em va poder explicar anys més tard, quan jo ja havia descobert que era capellà després de seguir-lo quan va marxar corrents a vomitar un cop en Tomàs va començar a serrar el cos mort d'en Joan–: l'única cosa a la qual l'home no s'ha pogut acostumar mai ni s'hi acostumarà. Allò que intentarà de totes totes esborrarse de la cara, tot i que sempre acabarà fracassant, perquè quan menys s'ho esperi li tornarà el patiment de pensar que algun dia l'acabaran enxampant. Però jo llavors no sabia de què em parlava l'home ni què era això de la vergonya i l'única cosa que em preocupava era que el vell no acabés vomitant durant el funeral, perquè no volia perdre'm l'enterrament d'en Joan per haver de netejar l'empastifada.

Però l'home no anava desencaminat. Quan aquell matí havia arribat muntat dalt del carro i carregant-hi la caixa d'en Joan, amb en Tomàs, el pare i un xicot que jo no havia vist mai, ell encara no s'havia pogut deslliurar d'aquella cara anquilosada per la vergonya. Era clar que no s'hi havia acabat d'avesar. La Maria s'havia passat tot el matí fent les feines amb massa neguit i jo pensava que ho havia fet perquè ella creia que, avançant-les, abans aconseguiria deixar enrere aquell matí tan angoixós amb el cos mort d'en Joan encara visible per a tots nosaltres. Però un cop les havia enllestides, havia agafat una cadira i s'havia assegut davant del mur de la casa, sota el sol, amb la mirada encaixada al punt on el camí s'acabava per a nosaltres. Com que cada vegada que li parlava em responia secament com si la molestés, jo m'havia posat a jugar amb la criatura per distreure'm. I tot i que ella no havia parat de fer anar les cames amunt i avall pels nervis, d'un bot encara més vigorós va saltar de la cadira quan va albirar la taca negra i fosca que s'anava acostant des de la llunyania. I com més s'apropava, la taca fosca grisejava i esbossava unes mules cansades que guiaven un carro, i al darrere el carro cansat de dur tants homes a sobre. Llavors la Maria em va prendre la criatura de les mans i va córrer a amagar-la dintre. Va tornar sola i es va posar a espolsar-se la roba i arreglar-se els cabells i amb les mans i les mànigues s'intentava eixugar el greix de la cara. I el carro amb homes cada cop s'anava fent més gros i a vegades desapareixia després de baixar un turonet i tornava a aparèixer encara més gran en pujar-ne un altre fins que en un moment determinat tot havia deixat de ser decorat per passar a ser cos: no un de sol, sinó diversos. I quan ja eren a tocar de la casa, de dintre en va sortir en Pere i, com que la Maria s'havia quedat aturada com una pedra enmig del camí sense fer res, va ser ell qui va agafar una de les mules pel coll i va aturar el carro perquè no l'atropellés. En Tomàs li va donar la caixa i ell la va poder agafar tot sol sense cap esforç i la va deixar a terra i després es va posar a riure. Però en Tomàs li va dir que callés, que era l'única caixa que havien pogut aconseguir i que ja servia. I ell va continuar rient i aleshores en Tomàs li va fotre un cop de peu des de dalt del carro a l'espatlla i li va manar que ajudés a baixar el pare, que estava cansat. I mentre jo els observava, el capellà ja havia posat els peus a terra i es trobava dret al meu costat i jo ni me n'havia adonat fins que tot d'una em va demanar per en Joan. La mare ni li ha tancat els ulls, li vaig dir. I encara ell em seguia mirant amb aquella cara de vergonya, que és l'única cosa que els homes no són capaços de perdonar-se a si mateixos ni aprendran a fer-ho mai, quan d'un bot aquell xicot desconegut va fer sotraguejar la història i saltant del carro em va demanar somrient –com si volgués agradar-me per poder passar per davant del capellà– si li podia dir on era el meu germà. Que no havia vist mai un mort. Però jo no volia tornar a entrar en aquella cambra i em vaig limitar a assenyalar-los la direcció amb el braç i després a caminar i ells es van limitar a seguir-me. I llavors els vaig deixar allà, a tots tres sols, sense entendre ben bé què volien aquells dos d'en Joan ni per què havien pujat aquí amb nosaltres per enterrar-lo. I em vaig dedicar a buscar la criatura per la casa sense trobar-la fins que vaig ensopegar amb la Maria i em va dir que la mare se n'ocupava, intentant que s'adormís i no donés gaire la tabarra. Però jo llavors no volia veure la mare i li vaig demanar si volia que l'ajudés amb alguna cosa i ella em va dir que s'havia de fer foc. Que aquell matí amb tot el que havia passat s'havia oblidat d'anar a buscar llenya i que amb uns quants branquillons ja faríem, que si la podia acompanyar. I llavors vam dirigir-nos cap al bosc, ella amb els cabells encara al vent, ben brillants, i jo sense preguntar-li per quin motiu s'havia posat bonica per rebre la caixa d'en Joan. I encara que aquell era un dia diferent, vam agafar el camí de sempre: un caminet que començava a tocar de la casa i que a pocs metres ja s'hi anava fent molt pendent i on per mirar de no caure havies de baixar fent esses, fins que arribaves a una clariana on el sol assecava els tronquets morts i abandonats per les alzines i on la terra cada vegada era més dura. Jo feia dies que duia posada la bata de les butxaques grosses i només havia de seguir la meva germana mentre ella me les omplia amb tot allò que trobéssim i que després podríem usar per cremar. I encara no estaven plenes del tot quan em va dir: Espera, potser els hauríem d'oferir de menjar. I jo: A mi em fa mal la panxa. Fes-ho tu. I ella: Només et demano un favor. Fes-ho tu. I jo: Amb això en tindrem prou per encendre el foc i després ja aniré a buscar més llenya. I ella, en senyal d'agraïment, va acariciar-me la cara i vam començar a pujar de nou pel pendent, mentre m'agafava amb la mà que ella tenia lliure de troncs la meva única mà per evitar que jo caigués. Quan vam arribar a casa el pare i en Tomàs ja s'havien posat a cavar el forat per enterrar en Joan a l'entrada de l'hort mentre en Pere treballava els enciams. Nosaltres vam anar directes a la cuina, vam deixar els tronquets sobre la pedra que hi havia al costat del foc i llavors entre els dos vam avivar les flames, ella col·locant les peces de tal manera que entre l'una i l'altra s'hi escolés l'aire i jo bufant-hi. I quan vam acabar em va demanar que, quan l'escudella bullís, m'encarregués d'avisar el capellà i el xicot, que em va dir que es deia Esteve, i oferir-los un plat i que encabat, si no quedava res dins la cassola, fregís algun tros de carn i en guardés per a la família, que avui acabarien més esgotats que mai. I així ho vaig fer. Mentre esperava que l'escudella bullís em vaig dedicar a arrencar amb les ungles els trossos de menjar secs i incrustats que hi havia als plats i un cop nets els vaig anar posant sobre la taula, en desordre però ben comptats. Un per a cadascú. I quan l'escudella bullia ja ho tenia tot llest; fins i tot havia netejat les engrunes de sobre la taula amb l'esquena de la mà. De primer em va sortir fer un crit, però aleshores vaig desdir-me'n perquè no volia despertar la criatura, i vaig anar cap a la cambra on era en Joan a buscar-los. Quan m'hi vaig adreçar, el capellà va fer un salt com si amb el pensament fes estona que hagués marxat d'allà i tot seguit es va excusar dient que no tenia gana perquè feia poc que havia menjat un entrepà de mantega. Però el que sí que tenia gana era l'Esteve, que quasi em tira a terra, apartant-me com si allò fos casa seva mentre seguia l'olor de la teca. Puc agafar el que vulgui, oi? No, li vaig respondre, i li vaig arrencar amb força el plat de les mans i jo mateix li vaig servir l'escudella. Agafa'l, que ara crema i jo amb una mà sola no ho puc fer, i menja. I vaig mirar dins l'olla i ja no hi quedava quasi res, només una mica de caldo i uns cigrons i trossos de pollastre i aleshores vaig agafar una mica de porc, el vaig tallar a trossos petits i els vaig posar allà dins amb bastanta més aigua i vaig tornar a escalfar-ho tot, perquè la carn fresca es cogués i així quedés teca per als altres. Puc repetir, oi? És que no en queda gaire. I com si no es cregués les meves paraules, l'Esteve es va aixecar del banc i va anar a mirar dins l'escudella. I llavors d'una butxaca es va treure una cullera de fusta i va posar-se a rascar les parets de l'olla per arrencar el polsim de caldo sec que s'hi havia quedat enganxat i després de rascar força estona se la va ficar a la boca i es va posar a xuclar-la com si fos una llaminadura. És-s-s-s-s-s-s bo; en vols? Em fa fàstic. I quan ja tenia la cullera ben rellepada la va tornar a ficar dins l'olla i en va treure un os de pernil, el va agafar amb la mà i se'l va ficar a la boca. Però no li cabia tot sencer, i llavors amb la llengota n'anava resseguint tots els racons, raspant-ne tota la sal, i amb la mà lliure agafava l'os perquè no se li escapés d'entre les dents. I això va durar i durar fins que de tant tenir la boca oberta li van venir arcades i va haver d'ajupir-se i tot després d'escopir l'os a terra perquè li tornés a pujar la sang al cap.

Quan va entrar la gossa a buscar el tros de pernil que l'Esteve havia llençat a terra, jo ja estava tip d'aguantar-lo. Així que li vaig dir que quan acabés ho deixés tot ben posat, que no podia estar per ell perquè li havia dit a ma germana que encabat aniria a buscar més branques. I llavors ell va deixar de mirar la gossa i es va dirigir cap a mi, em va agafar per darrere el coll amb aquelles manotes fredes i suades i em va dir que m'acompanyaria, que a ell li agradava molt anar al bosc. I jo vaig pensar que potser a l'aire lliure ja no sentiria tant la seva pudor i que llavors encara podria suportar-lo.

Quan vam sortir del casal la criatura havia esclatat a plorar de nou. Jo no volia anar a veure què li passava, perquè sabia que era amb la mare i jo l'esquivava d'ençà de la nit abans. No volia que em tornés a cremar la pell amb aquella espelma. Però la nena continuava plorant, així que vaig tancar els ulls i vaig respirar fondo per agafar forces i anar-hi, però al final no, perquè no va caldre; abans d'obrir els ulls la Maria ja m'havia passat pel costat i pujava les escales per anar-la a socórrer. L'Esteve s'havia encantat mirant com el pare i en Tomàs al ritme de les formigues anaven cavant la fossa i de darrere la casa s'hi apropava el capellà. Jo no volia que acabessin de cavar-la perquè encara no volia que l'enterressin i que tothom el comencés a oblidar. I llavors vaig agafar l'Esteve per la mà i li vaig dir que havíem de marxar abans que les flames s'apaguessin i es posessin a dormir sota les cendres. Que abans havíem de revifar el foc. I ell va agafar un pal que hi havia a terra i em va dir que potser no caldria anar gaire lluny, que per aquí ja n'hi havia. Però jo li vaig treure el pal de les mans i li vaig dir que parés, que parés de tocarho tot i de fer com si casa meva fos casa seva. Que aquí les coses les decidia jo. I abans que tingués temps de respondre, vaig sentir que aquella pudor que li sortia de tot arreu, des dels ulls fins a les cuixes, m'ofegava, i com que no volia que em perseguís i que m'impregnés i que jo també acabés fent olor de merda seca, vaig arrencar a córrer fins a l'entrada del pendent, però vaig haver d'aturar-me en sec, perquè no volia relliscar i aquell pendent s'havia de baixar a poc a poc. L'Esteve es va pensar que jugava amb ell i es va posar a perseguir-me. Com que el seu cervell de mosca no va preveure que jo m'aturaria de cop, no va tenir temps de frenar i amb el xoc del seu cos contra el meu em va fotre una bona empenta. L'última cosa que recordo és un remolí de bonys i encabat despertar-me a baix de la pujada, just a la boca del camí, amb tot de rascades i agulles de pi clavades a la pell, com un porc senglar amb el morro a terra.

Tenia un ull mig tapat perquè m'hi havia entrat un tap de molsa i amb l'altre podia veure els arbres que s'escampaven llargs, amb núvols de cel al fons entre les fulles. La terra de sota la cara era freda i humida. Podia sentir-la. També el tremolar del terra per les passes de l'Esteve que des de dalt m'havia estat preguntant a crits si em trobava bé i encara ho feia perquè jo no li havia donat resposta. I quan estava a punt d'arribar on jo era, ell també va entrebancar-se i em va caure a sobre. I llavors el meu nas es va enfonsar dins la terra i, tot i que el vaig treure de pressa d'allà dins, no vaig poder evitar esternudar. Només podia respirar per la boca, perquè quan ho feia pel nas m'entrava l'olor de la mort, de la putrefacció de la terra humida, i jo només volia oblidar-me de tot i que els dies passessin de pressa i que aviat aquell dolor que ni em deixava sentir pogués escapar-se ben lluny.

Em vaig aixecar i vaig veure l'Esteve encara a terra com un escarabat del revés. Li vaig donar una puntada a la cara. I amb la mà mig morta perquè encara em feia una mica de mal i em costava de moure, vaig començar a pegar-li a la cara amb el tronquet que m'havia ajudat a aixecar-me. Cada vegada que li encertava la galta esclataven espurnes d'escorça. Ell només va esclafir a plorar quan vaig parar de pegar-li, perquè abans prou feina havia tingut a defensar-se. Ja li havia fet massa sang i tot ell eren rascades. I mentre plorava li anaven caient els mocs. Plorava com una criatura. Pitjor que una criatura, perquè ell no ho era. I com més puntades li donava perquè callés, més plorava i més li queien els mocs, i aleshores vaig agafar-li la cullera de la butxaca i la hi vaig ficar a la boca i va callar de sobte. No va parar de llepar-la com quan era plena de polsim de caldo, però aquesta vegada hi havia terra barrejada amb mocs.

Quan vam arribar a dalt del pendent l'Esteve tenia els ulls molt inflats i vermells. Els mocs encara li penjaven i no havia deixat anar la cullera. Tampoc cap paraula. Però el pare i en Tomàs ja havien deixat de cavar i al costat de la fossa no hi havia ningú. M'hi vaig atansar i em vaig dir: De manera que això és la mort. Només un forat que se t'emporta. Però abans de poder continuar pensant-hi, va arribar en Pere amb la caixa. L'Esteve ja no hi era. El meu germà em va preguntar si ficàvem en Joan dins la caixa i després la caixa dins el forat o si baixàvem primer la caixa i després hi tiràvem en Joan. Jo li vaig dir que si ficàvem la caixa dins el forat primer i després el cos d'en Joan tot pesaria menys i ho faríem tot més fàcil. Li va semblar bé. Només podia obrir-se per una part que tenia un enreixat metàl·lic, i vam haver de deixar aquesta cara cap amunt perquè d'altra manera no l'hauríem pogut obrir.

El sol ja s'apagava i la poca llum que li quedava era de color taronja. La mare va ser la primera d'arribar. Un mocador li tapava quasi tota la cara però jo sabia que amb els ulls em buscava. I llavors va sortir el capellà, que guiava per l'espatlla l'Esteve, amb la cara ja rentada. Després la Maria amb la criatura a collibè. D'un en un es van anar aplegant al voltant de la fossa, sense dir res. Però el silenci aviat es va trencar, perquè un cop sec ens va fer alçar la vista a tots. Eren els talons d'en Joan, que havien repicat en tocar el terra després que en Tomàs l'arrossegués com una pell morta per l'esglaó de la porta. I quan ja l'havia arrossegat uns quants metres, va sortir el pare amb les sabates d'en Joan a la mà i va fotre un crit i en Tomàs es va aturar. I el pare es va acostar i va intentar posar-les-hi abans d'esclatar a plorar i ho va haver d'acabar el meu germà.

Quan entre els dos van deixar caure en Joan a terra, al costat del forat, de seguida vam adonar-nos que no hi cabria, a la caixa estirat. Com ho fem?, va preguntar el pare. Li serrem les cames, va dir la mare. I llavors en Tomàs va anar fins a l'estable, a poc a poc, sense parar-se, i va tornar amb la serra grossa a la mà. Entre ell i el pare li van apujar els pantalons fins als genolls i en Tomàs va començar a serrar, només uns segons, perquè aviat es va aturar i va exclamar: Això és una marranada. Però el capellà abans que la serra toqués la carn ja corria i es recolzava amb una mà a la façana mentre amb l'altra s'aguantava la panxa per sostenir-se el vòmit. La Maria em va donar una puntada de peu i em va dir que anés a veure si l'home necessitava res. Però un cop al seu costat ell només em va dir: M'entens, ara? M'entens? No era de ràbia, no era de por la meva cara aquell dia. Era d'avergonyiment. Sí. Només això: vergonya. L'única cosa que un home no reconeixerà mai que sent i, tanmateix, per molt que s'hi esforci, no podrà mai treure's de sobre. I com que tampoc s'hi podrà encarar, serà capaç de cometre barbaritats i fins i tot d'enterrar el seu fill per no haver d'arribar a afrontar-la mai. Només això: vergonya. M'entens, ara?

2. MARIA

Aquella nit, sota la llum de les espelmes i la foscor de les caputxes tothom semblava tenir la mateixa cara. Em va costar molt de reconèixer en Joan. Ell no tenia la cara tapada, però quan va passar per davant d'on jo era no em va semblar que fos ben bé la seva. I quan vaig començar a distingir què tenia de diferent, de seguida va perdre's entre la multitud i no va ser fins més tard, quan tot s'havia acabat, que li vaig poder veure les mans, totes ensangonades. No l'havia reconegut llavors perquè feia cara de patiment i jo no estava acostumada a veure'l d'aquella manera.

Després de la processó se'l veia cansat. Em va dir que si volia podia acompanyar-los amb la colla a desar els atuells a l'església, perquè la gent havia portat alguna cosa per menjar i la intenció era compartir allà la vianda entre tots. Ell li havia robat una mica d'embotit al pare. A mi em feia una mica de vergonya, però en tenia ganes. Així que li vaig dir que hi aniria si després m'acompanyava a casa, perquè no volia fer tot el camí sola i era l'única condició que la mare m'havia posat per baixar-lo a veure. Em va dir que no pretenia allargar-se gaire i que ho faria encantat, que jo ja sabia que ell no em deixaria mai sola, però que havia de menjar alguna cosa abans perquè, si no, no li quedarien forces per fer la caminada fins al casal.

Em va ensenyar com es recollia la corda que havia fet servir durant la processó. Primer havies de caragolar-la a terra fins a enterrar-hi el cap. Després, com que pesava molt, l'havies d'aixecar amb les dues mans i aleshores fer-la descansar en un braç, com si fos un cistell, perquè no es desmuntés a l'hora de tornar-la a l'església. Quan vaig acabar d'enroscar-la, ell va agafar amb l'ajuda d'un altre home el Crist de fusta que algú havia deixat recolzat sobre el mur d'una font. Una dona havia arrencat de l'estàtua les espines i les flors i les havia posat dins un farcell que s'havia penjat a l'esquena. I quan tots tres es van posar a caminar els vaig seguir, jo amb la corda al braç i ells carregats fins a les entranyes. No caminava gaire lluny d'ells, però tampoc gaire a prop. Només escoltava les seves riallades sense entendre què les provocava. Però tampoc volia apropar-m'hi per descobrir-ho. M'hi trobava bé, allà al darrere.

Pel carrer cada vegada hi havia menys gent. Un cop havia acabat la processó tothom havia marxat cap a casa. El silenci que durant tot el recorregut havia emboirat el poble ara s'havia desfet com si de sobte un vent fort se l'hagués endut, i les cares que abans m'havien semblat iguals havien començat a agafar forma. Algunes m'havien saludat i d'altres havien fet com si no m'haguessin vist. Però ja hi estava acostumada, perquè jo també ho feia sempre. I, de fet, potser m'hauria posat vermella si s'haguessin parat a dir-me res. Em feia vergonya que em miressin a la cara.

La llum de l'església semblava una cuca de llum enmig de la fosca. A fora hi havia homes xerrant i fumant i dones que reien. Les siluetes dels xiprers s'alçaven com fums de xemeneia perquè un vent suau els anava gronxant. Quan estàvem a punt d'arribar-hi, en Joan es va girar i em va somriure i això em va calmar. Ell sabia que jo no estava gaire avesada a la gent. Els homes i les dones que hi havia a fora el van saludar amb molta il·lusió i un d'ells li va donar un cop fort a l'esquena. Deus estar ben cansat, eh, noi! En Joan va riure i li va dir que, més que cansat, estava famèlic. Llavors una de les dones li va dir que això rai, que la seguís. I ell, després de deixar l'estàtua a terra, va venir i em va prendre la corda amb una mà mentre amb l'altra agafava la meva i em portava cap dins. Hi havia molta gent. També xivarri. Les parets eren blanques i fredes. Havien arraconat tots els bancs contra el mur que quedava a l'altra banda del confessionari i els utilitzaven com a taules. En lloc de culs asseguts hi havia plats amb formatge i embotits i truites. També moltes gerres amb vi. Jo només coneixia la gent de vista, de quan la mare m'havia enviat al poble a vendre verdures que ens havien sobrat de l'hort o de quan alguna altra vegada m'havia enviat a recollir les mores del camí de baixada i a vendre-les picant porta per porta. En Joan havia entrat amb mi, però aviat s'havia posat a xerrar amb altres homes i jo m'havia arraulit en una cantonada. Com que tenia molta vergonya i no sabia ni on posar les mans, vaig començar a seguir amb la mirada una nena molt bufona que aviat es va adonar que la guaitava i es va posar a jugar amb mi fent-me ganyotes. Jo li vaig respondre amb somriures i amb un lleu gest de mà, movent suaument els dits. Es notava que anava ben menjada. Duia un vestidet vermellós i uns rínxols molt fins que li esgarrapaven el coll amb tendresa. El xivarri ocultava les meves mirades. Una cuca diminuta s'havia amagat sota la pota d'un banc i investigava el terra amb les potetes. Jo també tenia gana, però no m'atrevia a agafar res. Em vaig espantar quan la dona que duia la nena enganxada a les faldilles se'm va acostar i em va preguntar com estava. Un moc blanc i sec semblava caure-li del nas. En Joan va veure que m'havia quedat massa parada i se'ns va acostar. Ella li va mirar les mans i li va dir que si no se les rentava ho acabaria embrutant tot. També li va dir que jo ja era tota una senyoreta, que a veure si em farien casar aviat. Parlava de mi com si jo no hi fos, com si m'hagués perdut entre el blanc de les parets i la llum que corria per totes bandes. En Joan va esclatar a riure i li va dir que jo em casaria quan em volgués casar, que ell no n'havia de fer res, de les coses de dones. Tothom semblava estimar-lo molt. La dona ens va donar a cadascú un tros de pa amb tomàquet que duia en una bacina. Estava molt sucós. Li vaig demanar si me'n podia donar un altre per a després. Ella em va respondre que aquestes coses ni es preguntaven i després de donar-me dues llesques més va desaparèixer per unir-se a un grupet de dones amb qui semblava passar-s'ho molt bé. Millor que amb mi. En Joan també es va perdre en altres converses. Vaig apartar els plats que hi havia sobre el banc que tenia la cuca sota una de les potes i m'hi vaig asseure. Vaig sentir el cruixit de l'animaló en morir-se. La nena em continuava cercant amb la mirada, però no s'havia adonat de res. Jo em menjava el pa i esperava que en Joan m'avisés per anar-nos-en. De tant en tant em llepava els dits oliosos que la teca m'anava pintant. El soroll a voltes creixia i a voltes es perdia i s'escapava per la portalada. Jo tenia ganes de marxar, perquè no sabia com posar-m'hi. En el moment que vaig decidir alçar-me per demanar-li a en Joan per guillar, se'm va acostar un home que tenia els ulls blaus i la pell cendrosa. Era calb, i no ho amagava. Em va començar a explicar que a la tarda havia anat a fer una volta cap a Rieres, el poble del costat, i que havia trobat uns bons espàrrecs. Deia que un era més llarg que un dels bancs. Que se n'havia fet una truita per dinar, perquè com que no tenia dona i la filla ja era casada, havia après a fer-se algunes coses tot sol. Feia pudor de gat enclaustrat. També va insistir que no hauria esperat mai trobar-me a mi, una noia tan maca, entre tota aquella gentada. Que estava molt sol, perquè la dona, encara que hagués mort, no havia sortit bona. Que li havia fet perdre el cap. I jo me'l mirava, amb aquells cabells rebels que es resistien a sortir-li del cap, i me l'imaginava amb el cap, també, resistint-se a sortir-li del cos. També em va repetir moltes vegades que jo tenia unes piguetes molt boniques i una pell de senyoreta, blanca com la llet, com si no fos feta per a la terra. Jo sabia que ell m'ho deia per fer-me feliç, però com més m'ho deia més angoixa m'agafava i més ganes tenia de sortir d'allí, però no sabia com fer-ho. La ferum de gat enclaustrat em marejava. Jo encara era una nena.

Però en Joan em va rescatar. No me'n vaig ni adonar que ja érem fora i començàvem a pujar cap a les muntanyes. La nit era fresca i alhora pesada. No havia parlat quasi amb ningú, però em sentia feliç d'haver estat allà. En Joan ja duia les mans netes. Li vaig preguntar si no li feien mal. Em va dir que una mica, però que ja hi estava acostumat i que pagava la pena. Feia ja tres anys que s'encarregava, amb tres homes més, d'acompanyar les processons estirant la corda a banda i banda perquè la gentada no s'hi aboqués més del compte. Em va confessar que el que li agradava més de tot allò no era la feina, sinó la colla que s'hi havia format. Que tothom sempre l'havia rebut amb molta simpatia. Jo li vaig dir que això era normal, que ell ho tenia tot i no ho sabia. Que si jo fos els altres també l'hauria rebut bé, no només perquè fos el meu germà, sinó perquè tenia aquella dolçor que només tenen els nens, però que no em malentengués, que ell era tot un home. Va somriure com quan es posava vermell perquè no tenia res a dir però en canvi gaudia amb el que li explicaven. Vaig escoltar durant tot el camí tantes històries d'aquella colla que no em vaig ni adonar que quasi havíem arribat al casal. Li brillaven els ulls dins la fosca. Se'l veia molt emocionat i jo podia veure totes les coses que m'anava explicant com si Déu les estigués dibuixant a la vora.

Aquella nit em va costar molt dormir. No feia ni fred ni calor. D'alguna manera en Joan m'havia encomanat l'excitació i no podia parar d'imaginar-me com seria la meva vida si jo també formés part d'aquell món, ple de gent i rialles. El nen dormia al meu costat. El monyó li sobresortia de sota els llençols. Com que estava de panxa enlaire roncava a batzegades, i quan el soroll s'aturava jo aprofitava per intentar cloure els ulls, però les emocions no se'm fonien. La llum de la lluna era blavosa i irritant. A vegades tenia la sensació que dormia, però que dormia amb pensaments, i no podia saber del cert si era que havia estat dormint i m'havia despertat de sobte. I quan vaig tornar a mirar per la finestra ja es feia de dia i la llum taronjosa començava a cobrir els llençols.

Vaig sortir del llit que el nen encara no havia obert els ulls, tot i que ja no roncava. El terra estava fred. Quan vaig entrar a la cuina, la mare preparava l'esmorzar i en Tomàs ja era al camp ajudant el pare. Se sentien els cops de pala que retopaven per les parets. A la taula hi havia engrunes i amb la mà les vaig recollir i me les vaig ficar a boca. Jo tenia ganes de parlar, però amb la mare era molt difícil enraonar-hi. Li volia explicar com de bonica havia estat la nit anterior i com de dolorosa alhora. Però no em sortien les paraules. I llavors recollia més engrunes i me les ficava a la boca i anava fent-ne una pasta cada vegada més grossa. Gairebé no havia fet soroll, però la mare prou sabia que jo era al darrere. Tanmateix, no m'havia dit res, ni tampoc ho faria fins que el nen baixés i ella ens manés anar a munyir les vaques. Ho pot fer ell sol, li vaig dir. Saps que ton germà només té un braç, va respondre. Però ho pot fer tot sol. Però no tan de pressa, Maria.

No em va caldre esforçar-me per aconseguir el coratge que es necessitava cada vegada que volies demanar-li res a la mare. Ja havia omplert dos cubells i el nen ja s'havia endut el primer al casal quan va venir en Joan i em va dir que a partir de l'altra setmana aniria a ajudar les dones de l'església. Que necessitaven mans. I jo li vaig dir que la mare no m'hi deixaria anar i ell em va dir que amb la mare ja estava tot pactat. Que ell faria la meva feina els dies que jo hagués de baixar-hi. No vaig poder evitar omplir-lo de petons. La nit anterior m'havia llegit el desig als ulls i no havia calgut que li demanés res. Ni tan sols que jo m'hagués de plantejar si realment era el que volia. Quan el dia en qüestió va arribar, em vaig llevar més d'hora per deixar avançades les tasques de casa. No volia que en Joan treballés tant per mi. I menys fent aquestes coses de dones. Vaig ficar una mica de menjar en un cistell, em vaig embolicar el cap i, després de donar-li les gràcies per enèsima vegada a en Joan, vaig tirar cap al poble.

El primer que recordo és el mal que em feia el dit que m'havia estat mossegant durant tot el camí i després els nervis i aquella porta de la parròquia que xerricava massa. Llavors tot d'ulls de dones mirant-me amb atenció. Alguns desgastats, altres emocionats, altres sorpresos. La taula on pintaven aquells angelets de guix estava plena de taques de pintura. Hi havia pots amb aigua i coses líquides per tot arreu. També sants amb algunes parts del cos amputades. La ferum de vernís primer no em deixava respirar. Després m'hi vaig anar familiaritzant. Una dona molt vella es va aixecar, va apartar la cadira per fer-me lloc al seu costat i es va tornar a asseure. Jo en vaig agafar una d'un piló que hi havia al costat d'uns marcs daurats i malmesos que es reclinaven sobre una muntanya de caixes plenes de cintes i vaig seure al forat que la vella m'havia deixat. De seguida que vaig posar el cul a la cadira, ja vaig veure que m'havien deixat una estatueta nova per pintar i un pinzellet i un pot amb aiguarràs i a prop la paleta amb les pintures. Jo encara no m'havia atrevit a dir res. Però eren dones, i elles sabien qui era jo i com era jo. Per això no m'ho tenien en compte, i com que cap d'elles parava de parlar, aviat es van distreure de nou i van deixar de mirar-me. L'angelet que m'havia tocat tenia el cap molt gran i els braços enganxats a les ales. Les mans eren rodones com ous i tenien forats al mig. La vella, amb unes paraules que s'entrebancaven i que a voltes semblaven no tenir final, em va dir que era perquè a dins hi volien posar unes fulletes que després faríem amb filferro i trossos de mitges. Li vaig pintar la cara de color carn i el cos de color rosa i els cabells d'un groc com de blat. Algunes pintaven els vestits de color blau cel i només una, que més tard vaig saber que es deia Eulàlia, de color verd. On s'és vist, Eulàlia, un àngel de color verd? On s'és vist, Antònia, un àngel? Calla, nena, no comencis. I totes van esclatar a riure. Jo vaig mirar el meu angelet i em va semblar que el guix estava xuclant la pintura. Cada vegada el veia més pàl·lid. Quan vam sortir, moltes van venir a donar-me la benvinguda, però només una me la va donar de veritat. L'Eulàlia era grassoneta i morena. També molt atrevida. De seguida vaig sentir per ella algun tipus d'atracció. Era aquella mena de dona que s'assemblava als homes, perquè s'atrevia a desafiar-ho tot però sense que ningú la prengués per boja. Jo llavors ja sabia que no podria arribar a ser mai com ella. Aviat s'aniria fent la meva amiga i jo amb això ja em sentiria satisfeta. La vaig arribar a estimar molt, i després la vaig trobar a faltar molt, quan la mare em va prohibir que baixés més al poble. Ni d'ella, em vaig poder acomiadar. Però això encara no havia passat. Tot just havia començat la nostra amistat. Ella, cridanera com un ram de ginesta, i jo, petita com una tija de margarida, totes dues rient sempre que ens podíem veure, explicant-nos-ho tot, confiant-nos-ho tot. Era la primera persona, a part del meu germà Joan, amb qui d'alguna manera em sentia una mica més forta. Però no li vaig explicar res d'allò que va passar entre jo i el capellà. No en diré el nom, perquè ell mai em va deixar que el pronunciés. Pare, Maria, digues-me pare. Potser no li ho vaig explicar a l'Eulàlia perquè em feia vergonya, perquè ell em deia que jo era una entremaliada i que allò que fèiem no estava bé i ho havíem de guardar en secret. I jo no volia decebre-la. Però quan se'm va començar a inflar la panxa, la mare em va fer seure en una cadira i em va començar a pegar fins que jo li vaig dir qui m'havia ficat aquella criatura a dintre. No vaig poder aguantar més el mal dels cops. Llavors va ser quan la mare va baixar a parlar amb ell i a mi em va tancar al casal per sempre. Ell no em va venir a buscar mai. Ni a mi ni a la nostra criatura. Sé que vaig fer mal fet explicant-li a la mare que ell era el pare. Els dos es van enfadar amb mi. Només el dia que vam enterrar en Joan, el capellà va pujar a acomiadar-se'n i vam poder parlar una mica d'amagat. Sempre d'amagat. L'únic dia que recordo que s'atrevís a mirar-me públicament va ser el dia que vaig fixar-me que em perseguia amb la mirada. Era el primer dia que jo mirava un home de veritat. L'Eulàlia i jo estàvem assegudes sobre l'herba fent unes corones de flors amb fils i ens les anàvem emprovant i jugàvem a ser reines i princeses i serventes. No estàvem soles. Les altres dones de la parròquia eren amb nosaltres. Hi havia homes, aquell dia també. Mataven conills. Es preparava una gran festa al poble. Menjaríem arròs amb conill i faríem balls. Les nostres corones eren les més boniques, perquè havíem decidit posar-hi violetes. Jo n'estava olorant una quan, de sobte, l'Eulàlia em va dir: Mira aquell porc com et mira. I vaig aixecar el cap i vaig veure el capellà, que em va aguantar molta estona la mirada, però jo no vaig poder resistir-la gaire i vaig acotar el cap. Els haurien de penjar a tots, maleïts capellans. Després diuen que només pensen en Déu. Maleïts porcs, anava remugant l'Eulàlia. Però a mi m'havia agradat que em mirés, tot i que, quan vaig tornar a casa, ja no recordava gaire la seva cara. No l'havia observat prou temps.

A partir de llavors tot va anar molt de pressa. Jo em sorprenia a mi mateixa buscant-lo amb la mirada i, quan el trobava, ell ja feia estona que la tenia posada sobre meu. Després van arribar les trobades entre la gentada i després els atreviments i les cites íntimes. Primer no passava res. Quedàvem i ens tancàvem en aquella habitació i jo li responia coses que ell em preguntava. Sobretot de la meva mare. Però un dia em va dir que ja havia arribat l'hora. Que allò entre nosaltres dos havia de passar i que ja no podíem esperar més. Que no em preocupés, perquè jo no rebria cap càstig pel que estàvem a punt de fer, perquè jo era un pobre angelet que havia nascut enmig d'un desastre. Que allò havia de passar, perquè Déu ho havia decidit. Que tot estava decidit abans que jo hagués arribat al món. I va anar apartant a poc a poc les coses d'una taula, mentre deia ho hem de fer bé. I després em va demanar que m'hi assegués, un cop havia fet lloc, i que em tragués les parts de baix. I quan me les vaig haver tret i em vaig haver assegut, em va ficar aquella cosa a dintre que em va fer mal en els primers moments d'entrar, però que després em va com adormir l'entrecuix i ja no em va tornar a fer mal fins l'endemà. Em va costar caminar durant una setmana, però ho vaig dissimular molt bé.

Llavors em vaig enamorar. No sé com, perquè els primers dies que havíem estat a soles m'havia fet una mica d'angúnia, perquè el trobava massa vell. Era segons com el mirava. A vegades els seus ullets d'àguila em pertorbaven i a vegades m'atreien. Intentava no mirar-li gaire les clapes de calvície. Però el que sé del cert és que de dins meu va començar a sortir una cosa com plena de desig que volia servir-lo a totes hores, fer-li tota l'estona coses i que no em parés de mirar i de trobar-me bonica. Sempre bonica. Ho hauria deixat tot per ell si ens hagués vingut a buscar a mi i a la criatura. Fins a aquest punt el vaig arribar a adorar. Però sé que em vaig equivocar. Que va ser culpa meva que tot allò s'acabés, perquè hauria hagut d'amagar millor la panxa i llavors potser la mare no se n'hauria adonat i ell m'hauria volgut per sempre més al seu costat. No m'hauria fet res de llençar la criatura per algun barranc si, a canvi, l'hagués pogut seguir tenint com llavors, en petites quantitats. L'hauria cuidat i cuidat i cuidat...

3. TOMÀS

El pare avançava molt lentament. I jo li anava fotent crits perquè caminés més ràpid, com a una bèstia. Que si no accelerava el pas es faria fosc i la Dolors ens cobraria més pel llit per avisar tard i haver de preparar les habitacions amb presses. No podíem pas llençar els calés. I segur que la caixa ens la cobrarien a preu d'or. Si ho hagués sabut abans, el pare l'hauria volgut fer amb les seves pròpies mans. I jo amb les meves hauria tallat el tronc. Ara només quedava deixar anar els quartos.

S'aturava a cada roca. I em deia que li faltava l'aire i es premia el pit amb les mans. I jo li recordava que era de camp, que caminés i callés com un home. I em deia que jo no ho entenia. Que no ho podia entendre i que mai n'havia estat capaç. Però que el dolor que sentia l'ofegava i li enrampava les cames i li pujava fins on tenia el ventre. I jo ja no sabia què més fer o què més dir-li perquè li parés la maleïda pena. Jo hauria pogut baixar sol, però ell havia insistit a seguir-me. I em feia ràbia, perquè no volia que ens cobressin més del compte. Em va atabalar i em va obligar a cridar-li més i aleshores es va posar a plorar d'aquella manera destarotada que semblava fingida. La seva gola llançava udols aganats de gossa perduda, i els seus ulls granats i escumejants s'exasperaven perquè no podien assotar-me en veure que no em commovien. I amb veu baixa repetia una vegada i una altra que haurien de ser els fills els qui enterressin els pares. Però jo li vaig dir que es deixés de bajanades, que això no era cap pensament nou. Que estava segur que això ja ho havien repetit molts altres homes abans que ell, i que els més assenyats de tots s'havien eixugat les llàgrimes amb què havien enllefiscat la tomba dels fills després d'adonar-se que els havia resultat més senzill procrear-los que mantenir-los. Que encara podien engendrar-ne molts més. Però ell continuava sense voler caminar. I jo sabia que en el fons jo feia mal fet, que em sortia un posat que havia fossilitzat des de feia anys, des que era un nen, i que ara no tocava fer, però no tenia esma ni paciència per continuar-lo suportant.

En una de les aturades em vaig asseure al seu costat. Ell tenia el cul sobre una pedra i jugava amb un branquilló de morera punxegut que havia arrencat uns metres enrere. Llavors el pare encara tenia el cap prou clar per pensar amb seny. Tomàs, tu no ho entens, em va dir. I no, jo no ho entenia. Jo volia pixar. I em va dir que jo de petit era diferent, que havia rigut i jugat molt amb en Joan, i que sabia que ara ja no ens parlàvem. Però li vaig contestar que ningú pot parlar amb un mort. Que intentar parlar amb un mort sempre és fer trampes, perquè només serveix per aplacar l'angoixa del viu que ha deixat que el mort s'endugui a la tomba la veritat que mai va atrevir-se a escoltar. I se'm va quedar mirant les cames un minut i després em va preguntar si havia estat jo qui l'havia matat. Però no em vaig enfadar. Li vaig respondre que jo ho hauria fet millor, que l'hauria escanyat amb les mans amb què un home com jo treballa. I es va posar a riure i em va passar un braç per l'espatlla. Però aviat el riure va tornar a ser plorera. I vaig aprofitar per pixar.

En tornar a arrencar el pas, de lluny ja sentíem la grémola insistent de la gossada del poble. Era un indret molt petit, però prou gran perquè hi visquessin unes quantes bèsties per cap. Aquesta sempre havia estat terra de caça i d'homes que venien d'altres homes que havien sorgit d'altres homes que sempre havien nascut aquí. Ningú sabia qui havia posat la primera pedra. S'explicaven mil llegendes que havien quedat ancorades en rondalles per a nens o en tardes de cosir de velles i dones i joves, però cap prou atractiva per perdurar. Per mi que des de sempre havia estat terra de pobres.

Quan el pare em va preguntar on volia que anéssim primer, tenia els pèls del bigoti secs i tacats de suc de mores. No podia parar de mirar-me'ls. Jo crec que a ca la Dolors primer i demà a buscar la caixa a en Casassas. I hi va estar d'acord.

La Dolors era l'única dona amb negoci propi de tota la comarca. Abans n'eren dues, sa mare i ella, però la primera ja s'havia encarregat que, quan faltés, fos només un comiat carnal, perquè la segona ja tindria el seu pensament i la seva manera de fer i tota l'obsessió necessària per tal que les coses no es fessin mai malament. I no era només un prostíbul. De fet, de putes n'hi havia poques i les poques que hi havia estaven més que gastades. Era un lloc on els homes descansaven no només de les pròpies dones i de les filles que s'havien convertit en dones i de les joves amb què de sobte també s'havien casat, perquè s'havien instal·lat al casal amb canalla i demandes i més crits i històries, sinó de tot el gènere femení, fos qui fos, tret de les prostitutes, que no el representaven. Era un lloc de mala mort on un s'hi trobava millor que a casa. D'aquells que, de tan horribles i mísers, quan hi entres i hi guaites la gentada, t'admires de la pròpia dignitat. I no era només per la turba que podies desgranar d'un en un i dir-ne el cognom i les terres i els pecats i les trompes. Era perquè, quan et quedaves adormit sobre alguna taula, al dematí et costava desenganxar-ne la cara, però a ningú li importava si havies roncat o no. Feia olor de pell borratxa i escalfor de llits i baralles. També era obert tota la nit. A voltes hi trobaves l'Esteve, el fill de la Dolors, adormit quan obries la porta, però de seguida venia com qui sent un tret i es plantava davant teu amb el barret a la mà i un somriure que de tan emocionat i lluent semblava artificial, com si per si sol no hagués trobat mai un gest per saludar i s'hagués quedat amb aquell que sa mare li havia ensenyat per primera vegada just complerts els dos o tres anys. Era el retardat del poble. I no només ho era perquè això era un llogaret i tothom es quedava per sempre més amb allò més graciós que a algun ximple se li havia acudit per anomenar-te durant la teva infància, i que per culpa d'aquell ximple i només seva ho havies de dur a sobre fins en els records d'aquells que encara vivien després que tu ja haguessis fotut el camp. L'Esteve ho era de veritat. Un retardat de debò. I això que era un poc més gran que jo, però ni es movia gaire ràpid ni pensava més de pressa. Era alt com un armari. Tenia molt de greix sota el coll i dins les cuixes i sota la part del braç que hi ha entre el colze i l'espatlla. El cap el tenia petit i mig calb. Sempre anava amunt i avall amb una cullera grossa de fusta per cuinar a la boca i quan et volia cridar l'atenció per alguna cosa et clavava uns copets amb ella sense força o te la posava sota el nas perquè l'ensumessis i era la pudor de saliva més repugnant que havies olorat mai. Encara em venen ganes de treure quan hi penso. I quan ja estava massa rosegada sa mare la hi arrencava de la boca per tal que no es clavés cap estella a la llengua i ell plorava i ella li'n donava una de nova que segurament havia comprat als gitanos que de tant en tant passaven per la carretera des de Barcelona. Sa mare era la Dolors. Una femella ben feta, un tros de dona, de bons palpissos i prou xerraire i intel·ligent per caure malament a totes les dones i anar-se'n al llit amb cadascun dels homes. No era espanyola, però tenia un no sé què de les terres del sud que li venia d'algun parent atàvic i que aflorava quan t'esbatussava amb crits i renecs com si fos la teva mare, però sense perdre el fil ni l'altivesa. Com si a cada paraula hi afegís un fes-me cas o un ja t'ho havia dit. També tenia una bona pitrera i una pell com negra i grisosa, desgastada de tant fumar tabac de contraban. Tothom del poble coneixia aquella piga negra i peluda que tenia al bell mig de les mamelles perquè era l'única dona de la comarca que s'atrevia a dur vestits escollats.

Avui juguem una partida i prou, oi?, va dir aquell dia l'Esteve quan va veure el pare entrant per la porta. Avui no hi haurà partides. Ves i prepara dues habitacions. Va dir que sí amb una essa que va quedar ressonant per l'aire durant força estona i va posar-se a fer la feina que li havien manat. I llavors el pare va dirigir-se lentament cap a la cuina, arrossegant els peus, i amb una mà va enretirar la cortina i no li va caldre dir res. La Dolors va sortir i com si pogués llegir-li el pensament va abraçar-lo a l'instant. No es va treure ni el davantal. Ei, Dolors, dona'ns alguna cosa per cruspir. Tomàs, quants dies fa que no t'afaites? Jo ja m'havia assegut a la barra i m'havia servit un got de ratafia. Ella va fer seure el pare al meu costat i aviat va arribar amb dos plats fumejants plens d'estofat amb patates. Espero que els senyors no es queixin. I després va tornar a aparèixer amb un bon tros de pa per a cadascú i a mi va tornarme a omplir el got. Jo ja estava a punt d'acabar-me el plat que mon pare quasi no havia ni tocat la forquilla. Llavors ella va agafar l'ampolla de vi i va començar a omplir-li el got mentre li deia que potser seria millor que li expliqués exactament què havia passat, que ho buidés tot, i llavors potser li entraria alguna cosa a la boca. Haurien de ser els fills els qui enterressin els pares, va dir, i va arrencar a plorar altre cop. No dissimulava la desesperació. Em vaig girar i tothom ens mirava.

Aquell grapat de carronyaires indiferents i vulgars que tenien la mirada sobre nosaltres volien divertir-se amb el nostre garbuix i poder arribar a casa amb alguna cosa més que la rutina. Amb una història per explicar quan les seves dones amb la pell que els feia pudor de fregit els preguntessin com havia anat el dia, totes juntes, al mateix temps, també indiferents i sense atributs, i les filles també indiferents, buides, menjant i omplint-se la boca sense quasi respirar, esperant que els n'acabessin d'explicar tots i cadascun dels detalls. I l'endemà al matí també poder-ho explicar, mentre prenguessin el cafè a la plaça, tots junts mentre fessin la pausa de la feina i nosaltres portéssim la caixa d'un cantó a l'altre per començar a pujar cap a casa. I que parlessin l'endemà també, al dematí, un altre cop junts, rient-se del pare perquè no era prou home i no podia afrontar que la mort és l'única cosa que hom pot esperar de la vida. Omplint-se de les nostres històries com si fossin una massa espessa que s'hagués d'anar degustant a poc a poc, assaborint-la, ara aquí, ara als safareigs, ara a l'altra punta del poble. I els veia així, tots junts, sense importar si eren vells o joves, únicament d'una manera: buits. I no volia ser jo qui els omplís la misèria. Vaig agafar el got i el vaig llançar contra la paret i va petar. I llavors el pare per fi va deixar de plorar i sobretot de parlar. La Dolors va anar a buscar l'escombra i pel camí em va fotre un mastegot al clatell que em va deixar marejat. I tots ells van esclatar a riure, a l'uníson. I enmig de la cridòria va aparèixer l'Esteve i ens va dir que ja estava tot preparat. Que ens havia posat una sola habitació per als dos, però que si volíem ho podia canviar. I la Dolors li va dir que ni canviar ni històries, que a mi se m'havia de tenir a ratlla. Llavors em vaig acabar el que hi havia al got del pare i li vaig arrencar les claus de les mans al retardat. Vaig agafar l'ampolla de ratafia i vaig començar a tirar amunt, esglaó per esglaó, mentre amb el vidre de l'ampolla resseguia les parets de fusta i aquella colla de depravats ho observaven tot, expectants. Mentre pujava per l'escala vaig sentir com la Dolors recollia el meu plat buit i li deia al pare: Quin dimoni que t'han dut a la terra! Ja el pots vigilar.

Quan el pare va arribar jo ja estava mig adormit. Estava esgotat. Només vaig sentir el soroll de la clau regirant-se dins el pany i el so de la roba acumulant-se a terra. Quan vaig tornar a obrir els ulls ja era de dia. El pare ja s'havia llevat i havia recollit els llençols. Els havia plegat. I quan vaig baixar ell ja era a fora, mastegant tabac, amb les espatlles caigudes i la mirada als peus. Ni tan sols es va adonar que jo treia el cap per la porta. Darrere la barra hi havia la Dolors, aguantant-se la son. Em vaig servir un altre got de ratafia i vaig començar a mossegar la truita, ja freda, que m'havia fet. Espero que tot això no t'ho prenguis com un regal de condol, em va dir. T'ho pagaré tot, Dolors, no em vindrà d'aquí. I mentre jo anava menjant, ella esperava. Però no esperava que m'acabés el plat sinó que la meva cara li mostrés allò que jo era incapaç de donar-li, perquè com deia el pare jo no n'havia estat mai capaç. Algun gest de la meva mandíbula que li assegurés que jo era una persona, que era un ésser humà. O potser alguna llàgrima. Alguna cosa que li fes entendre que jo sabia que qui l'havia dinyat era el meu germà. Que es tractava del meu germà. I jo ja sabia que era el meu germà, que es tractava del meu germà. Però, com que era mort, ja no calia preocupar-se'n. No ens hi havíem d'amoïnar. Estava fet, sí, tot estava fet. No valia la pena plorar. No, no tenia cap sentit plorar-lo.

4. PARE

Pensa-ho bé, em va dir. Que totes aquelles terres, que tots aquells camps i camins d'enlloc que travessaven els boscos i que encerclaven la Roca Negra i s'estenien molt més enllà i que en pocs anys i ben conreats podien donar-nos calés, podien ser meus i portar el meu nom a les escriptures. Tot plegat era molt simple. Jo només m'havia de casar. Una muller no és gaire feina, m'havia deixat anar el pare en un to ronc com el d'una paraula que surt sobtadament, com si allò que acabava de pronunciar no ho hagués estat rumiant feia hores. És una bona oportunitat.

No li veia la cara, però li podia notar la serietat i aquells ulls plens de supèrbia que observaven sobre el meu clatell la marca de la debilitat. Para de foradar, que acabaràs arrencant l'arrel bona, em va dir. Però jo no podia parar. Feia dies que no havia plogut i la terra resseca m'esguerrava les ungles. Cada vegada havia acotat més el cap, el cos més a sobre de la vinya i les ungles més avall, però aquella maleïda herba no sortia. T'he dit que paris. Però jo no podia parar. Haurien de ser els fills els qui enterressin els pares. Para i escolta'm, em va tornar a dir, ara una mica més emprenyat. Jo tenia la boca plena de terra perquè tot l'aire era polseguera. Ell era allà dempeus, amb els pantalons bruts i el cos recolzat sobre una cama. Com si parlés al vent, donava voltes al mateix una vegada i una altra mentre la bossota d'arrels amb què jo guerrejava no sortia. Maleïdes males herbes. Era una d'aquelles plantes d'arrels blanques que semblen un bulb però que no ho són, i que tenen moltes tiges com cabells que quan vols estirar-les totes juntes tenen més força que tu i has d'anar-les arrencant d'una en una. Primer les que són blanques i després les verdes. També hi havia alguna tija seca que havia pogut partir per la meitat, però les arrels estaven massa endinsades a la terra. Tant hi fa, que en deixis alguna, fill. No cal que birbis totes les males herbes que trobis. Però aquella cosa m'exigia molta lluita. Amb les ungles havia anat resseguint-la, escarbotantne els contorns i després arrabassant amb els dits les arrels blanques que eren més enfora. Però així només aconseguia deixar-ne una part a sota, clavada a la terra, i arrencar-ne el barret. Si aquell coi de nit no hagués ensopegat amb la pala i no l'hagués partida per la meitat... Haurien de ser els fills els qui enterressin els pares.

Tots aquells camins de vinyes eren només del pare. Ell i jo sempre havíem treballat fort per fer-les prosperar. No podíem queixar-nos-en i no teníem cap necessitat d'augmentar les terres. Però ell insistia que casar-me amb l'Anna Planadevall era una bona oportunitat. Encara era el dematí i jo no havia sentit la tragèdia de l'assassinat de la seva mare. Havia dormit al poble amb la Dolors i havia pujat ben d'hora al casal, quan encara la gent i els xafardeigs no s'havien escampat pel poble. No sabia gaire res de l'Anna, aleshores, tret de qui era son pare: que era una noia una mica bestiola i que vivia per les terres en què anys enrere en Felip, el meu germà petit, un dia de molta boira s'hi havia perdut i s'hi havia quedat per sempre. No en vam saber mai res més. Potser el fet que ella fos mig animal era el motiu pel qual el meu pare m'exhortava a casar-m'hi. Un animal treballa i camina sense queixar-se i no s'acaba penjant d'un arbre per voluntat. Ara, després de la mort d'en Joan, del meu fill, haurien de ser els fills els qui enterressin els pares, puc afirmar del cert que el pare no volia per a mi ningú dèbil com la mare, ni tampoc que jo em convertís en una dona, com ell s'hi havia hagut de convertir després del suïcidi d'ella. No s'oblidava de posar cada nit estovalles a taula, ni d'anar renovant les flors del gerro que m'obligava a posar-hi al mig abans de fotre la primera mossegada, com ella sempre havia fet. Però no per això havia descuidat la seva masculinitat. Simplement havia estat com si, per poder suportar la pena de la pèrdua de la mare, ell l'hagués anat engolint a poc a poc a través dels records, i d'alguna manera, fent el que sempre havia fet ella, hagués aconseguit trobar-la menys a faltar. Potser fins i tot arribar a entendre-la. Mai li vaig arribar a plantejar la possibilitat d'agafar una altra dona. Les llàgrimes que va vessar sobre el cos de la mare quan, després de trobar-me-la jo penjada de la figuera, la va despenjar, em van fer comprendre que ells dos s'havien estimat com molts no en serem mai capaços. A voltes he arribat a pensar que la pena que el pare va sentir quan en Felip va desaparèixer no va ser per la pèrdua d'ell, sinó per la mort que va veure que la mare sempre portaria a dins. No tornaria a ser mai més la mateixa. Per això ell no volia que jo tingués una dona dèbil. Les que caminen amb el cor trencat no serveixen per a res. Només una dona que ha sortit d'una casa on no hi ha hagut mai cor serà forta, perquè quan no tens cor no se't pot trencar res. I jo creia que aquest era el motiu pel qual ell volia que em casés amb l'Anna, perquè, com si es tractés d'una premonició, en el cas que succeís alguna cosa dolenta, volia al meu costat una dona forta que, malgrat que la vida l'encadenés al dolor, no acabés traient-se la vida. I tots al poble sabíem qui era el pare de l'Anna i tot el que ella i la seva mare havien hagut d'aguantar. La vida no els podia posar més traves, a elles. O almenys poques traves més dures que el fet que un fill de puta no les parés de masegar.

I li vaig dir que sí, que m'hi casaria. I ell em va dir que a canvi contractaria un home perquè ens retratés després de la cerimònia. Com si fóssim rics. Que això seria el seu regal de noces. I a la fotografia hi sortiríem els tres. El pare i jo conxorxats, sense somriure, sorruts, drets al costat de la dona amb qui m'havia casat, que de tan prima semblava un esquelet, portant un sac tot gastat a la mà, ben enganxat a ella com si es tractés de la seva pell, ple de les verdures enfangades i mossegades que havien quedat per terra després de l'auster convit de la cerimònia i que ella, ajupint-s'hi, havia recollit. Com si encara visqués amb aquell animal que havia estat son pare i s'hagués acostumat a pensar que no hi havia cap altra manera de viure que passant gana. Però jo m'hi havia casat i el meu deure ara era alimentar-la. També ficar-li fills a dins, perquè després ella els pogués criar i perquè jo amb ells més tard li pogués fer prosperar aquelles terres que, quan vaig arribar al meu nou casal i les vaig poder contemplar, estaven més mortes que la pols dels meus avantpassats. Només un dels fills ens va sortir esguerrat. L'últim. Com que va sortir d'aquella manera, vam decidir no posar-li cap nom. Tenia només una mà i un monyó a l'altra banda i semblava burro. L'Anna el deixava anar amunt i avall com si fos un gos sense fer res. A mi ja m'estava bé. No ens treia gaire menjar perquè, com que s'avorria, s'alimentava sovint dels fruits silvestres i dels insectes que recollia. Els altres van sortir robusts. En Tomàs va ser el primer. Després van venir en Pere i en Joan i la nena, la dolça Maria, que es va quedar prenyada i no ens va voler dir mai de qui. Però també em va estar bé. Després d'haver acceptat casar-me amb una Planadevall, no hi havia reputació que pogués fer-me caure més baix. Però no era una cosa que em tragués el son. Soc d'aquelles persones que no volen donar més voltes als assumptes quan han pres una decisió. I encara menys quan és una decisió encertada.

El dia que van matar en Joan, una part del meu cor es va morir. Haurien de ser els fills els qui enterressin els pares. D'alguna manera vaig deixar de sentir. Una cosa era que se't morís un germà, una cosa petita que tenia sis anys i que jo jugant vaig deixar escapar per sempre. L'altre és un fill, una cosa jove de vint-i-tres anys a qui has alimentat i amb qui t'has esforçat i hi has posat temps de la teva vida. Va ser com si tot el que hagués fet per ell no hagués servit per a res. I vaig arribar a desitjar que no hagués nascut mai i em vaig sentir egoista i dolent i arrencat i oblidat per tothom. Sobretot per Déu. També vaig plorar com una dona. Vaig plorar molt durant llargs dies. També durant llargues nits. Vaig plorar per mi, per la meva mare, pel meu germà, a qui jo havia deixat córrer sol per les terres dels Planadevall el dia que la boira se'l va emportar. Vaig plorar tant, que una part de mi va fugir per sempre. I em vaig quedar amb el cor trencat. La mig bestiola de la meva dona va ser qui a partir d'aleshores va tirar del casal. En Tomàs també va ser fort i tampoc va plorar. En Pere es va casar i ens va abandonar. I la Maria, que va quedar-se amb nosaltres, no es va atrevir mai més a anomenar en Joan. Haurien de ser els fills els qui enterressin els pares. Però jo ja no em vaig refer.

5. DOLORS

Vaig saber que en passava alguna quan vaig veure entrar en Jaume per la porta. No havia estat mai costum que em vingués a visitar dues nits seguides. O almenys no ho havia fet mai, perquè no n'havia tingut la necessitat. Llavors acabava de morir la meva mare. Jo encara estava aprenent a tractar amb els homes o, si més no, amb el tipus d'homes amb els quals hauria de començar a tractar si volia enforinyar-me alguna cosa a la panxa i procurar sobreviure. No la trobava a faltar, però tampoc m'hauria fet nosa que hagués durat un o dos anys més. Potser aquest temps en què em va mancar, aquest temps en què clarament vaig sentir que l'hauria necessitat, hauria après a ser consistent i a tocar de peus a terra. A no enamorar-me. Però va morir massa aviat, o potser ni tan sols va arribar a pensar mai que es moriria algun dia i que abans m'ho hauria d'ensenyar tot, i jo mai vaig aprendre a comprendre la seva soledat i per culpa d'això em vaig acabar enamorant.

Per aquest motiu, quan el vaig veure per segona vegada en menys de vint-i-quatre hores, la meva cara va començar a esbossar un somriure de tòtila mentre el meu pensament es resistia a alegrar-se del fet que fos altra vegada allí, perquè clarament sabia que n'havia passat alguna de molt grossa, tot i que el meu cor i el meu cos no s'ho acabessin de creure del tot i el meu somriure de tòtila persistís més enllà del que m'hauria agradat. No li vaig fer cap petó. Només el vaig convidar a seure. No ens fèiem mai petons abans d'anar-nos-en al llit. Potser com a molt abraçades. Vaig agafar un drap i el vaig xopar a l'aigua de la palangana i vaig netejar la barra de fusta, que de tan d'hora que era encara estava bruta de la nit anterior. Jo m'acabava de despertar i no m'havia pres ni un cafè ni havia netejat la sala. Li vaig posar un got al davant i a dins del got hi vaig posar vi. El mateix vi que anys més tard li posaria al davant quan, amb la mateixa cara de pena, m'expliqués que el seu fill tercer l'havia dinyat perquè algun mal parit li havia cardat un tret d'escopeta. Però aleshores ell encara no tenia fills. Jo tampoc. Ni tan sols arrugues. Els dos havíem estat fins llavors massa joves per creure que el món funcionava diferent de com havia funcionat sempre en realitat. Havíem estat massa innocents per creure que el passat dels de la teva sang és només això: passat. Massa crèduls per confiar que una filla d'una prostituta i un fill d'un terratinent podrien arribar a compartir mai una vida als ulls dels altres i amb el consentiment no només dels altres, sinó d'ells mateixos, com si algú pogués oblidar, per molt temps que passés, quin és el seu destí pel simple fet d'haver nascut en un lloc i no en un altre. Però com he dit érem massa joves, i aviat, de cop i volta, ens faríem grans. Potser no aquella nit, però sí ben aviat: després del seu casament o després del naixement del seu primer fill, en Tomàs, o del meu, l'Esteve, o en el moment en què simplement ens haguéssim acostumat a pensar com els adults i haguéssim rebutjat a alimentar-nos de somnis.

Però no va ser fins que es va acabar el got de vi que jo li havia posat sobre la barra que no em vaig atrevir a preguntar-li què havia passat. Llavors ell, sense contestar-me, em va agafar la mà, com quan m'acariciava per fer-me entendre que necessitava estar-se al llit amb mi, al meu costat, i jo em vaig aixecar i vaig tancar amb el pestell la porta de l'entrada perquè ningú intentés empotinar-me el cau sense serhi jo i ell em va guiar fins a la meva cambra. Em va despullar, i jo em vaig deixar penetrar per aquestes coses que fa l'amor, per culpa del qual, tot i que saps que en passa alguna i que segurament el que succeeix no t'agradarà, et deixes portar i intentes que el moment de glòria s'allargui al més possible com si et fes por despertar-te. I quan ell va acabar –no pas jo, el meu cervell no es podia concentrar perquè sabia que en Jaume duia una fatalitat dins la boca–, em va començar a amanyagar i mentre em magrejava els pits va dir-me: Em caso. Potser no em caso demà o la setmana vinent i potser ni tan sols em caso per voluntat, però sí que ho faré i sé que tu ploraràs i jo intentaré no sentir les teves llàgrimes perquè no puguis contagiar-me-les.

I llavors em va matar. No a mi, sinó la nena que duia a dintre. El meu passat, que ara més que mai era només això: passat. Perquè tota la credulitat que fins aleshores m'havia fet veure el món d'una única manera, amb un únic propòsit, es va desfer. Potser va ser aleshores que em vaig començar a fer gran, perquè vaig començar a estimar-lo no com una dona que em pensava que era, sinó com una prostituta, que era el que veritablement era. El vaig començar a estimar no com una dona que escull amb orgull les teles del casament i en fa tots els preparatius i s'encarrega que tothom del poble s'assabenti de la cerimònia i que totes les veïnes solteres ho envegin fins a l'eternitat, sinó com una dona que s'ha fet gran, que accepta –i que potser, al mateix temps, és quan estima més que mai– que el seu amor es congeli per sempre mentre una altra dona li roba o li arrenca la voluntat. O potser ni tan sols la voluntat. Simplement el desig, que és l'única cosa per la qual la joventut continua viva i que, un cop és mort, et fa entrar al món dels grans, dels coneixedors, dels qui ja no desitgen sinó que esperen que tot s'acabi perquè saben que res del que havien volgut de petits els arribarà mai. Que ja estan massa atrotinats perquè a Déu li interessi concedir-los algun miracle.

I just quan va acabar de dir-m'ho, em vaig posar a plorar i em vaig girar d'esquena, perquè no el volia veure, ni tan sols olorar-lo. Els llençols estaven freds i a fora la llum es començava a fondre. Vaig notar amb timidesa com em posava una mà al cul i després el premia amb força. A mi sempre m'havia excitat que amb aquelles manotes m'agafés amb força la carn fins a fer-me mal. Començava a ser molt tard. La caiguda de la nit sempre havia marcat l'obertura de les portes de casa, es donés a l'hora que es donés, i jo començava a impacientar-me. M'hauria agradat poder parar el temps, haver estat algú digne de retenir en Jaume i intentar-lo convèncer com si alguna vegada hagués tingut la possibilitat de fer-ho. Ell em continuava prement les galtes amb força –ara ja no només una, sinó les dues alhora– i intentava penetrar-me de nou. I quan ho va aconseguir, jo ja estava massa encesa per negar-m'hi. Tota jo estava embriagada per aquella passió que ofereix la pèrdua en el moment d'abans d'aparèixer, l'excitació del dol imminent. Per un temps el plaer em va ennuvolar l'enteniment, però aviat alguna cosa va fer que el gaudi s'acabés de sobte. Ell continuava gemegant i agafant-me les galtes del cul amb força, però jo ja no tenia el cap allà. Ni tan sols el cos. Era com si ell s'estigués limitant a penetrar la meva ombra, tan sols un fragment de la meva carn, imprecís i vague, que ja no m'acollia només a mi sinó que envoltava qualsevol dona que se li posés davant, qualsevol dona que a partir d'aleshores seria seva i que ell cada nit es dedicaria a penetrar. Qui és ella? Digues-me qui és, Jaume. Pel que més vulguis, para i digues-me qui és.

Llavors va parar. Va estar uns instants sense moure's. Després va separar el seu cos del meu i es va incorporar. Entre l'esquena i la paret s'hi va posar un coixí. Es va fregar amb la mà dreta el front, com si rascant-se la testa les paraules li poguessin sortir amb més força, com si es resistissin a ni tan sols pronunciar el seu nom i qualsevol intent d'evocació d'ella el pogués fer emmalaltir o, fins i tot, enfonsar-lo en la barbàrie. És la Planadevall. Em caso amb l'Anna Planadevall. I vaig adonar-me que m'havia equivocat, que no m'havia matat la notícia d'abans sinó que ho havia fet aquesta, perquè d'entre totes les dones que hi havia per escollir de tota la maleïda contrada, aquesta era l'única amb qui un casament no significava joia, sinó compassió. I vaig començar a lligar caps. De sobte em van començar a venir totes aquelles veus de dones velles que jo havia sentit aquell dematí al mercat. Em va aparèixer la història que havia omplert les boques de tot el poble durant el dia i que ho seguiria fent fins que no n'aparegués una altra de més sucosa. L'Anna, la senyoreta Planadevall, sortint de l'estable de l'alcalde després d'haver-hi passat la nit i apareixent a la cuina de la dona d'aquest, encara amb la cara mig somorta i adormida, amb aquells cabells esfereïts, plens de palla, però recollits amb una corda i dient: El meu pare, perdó, la bèstia que un dia va tenir el valor d'engendrar-me, va matar la meva mare farà cosa de quinze dies. Està ofegada dins l'aigua, sense enterrar. Algú podria ajudar-me a enterrar-la? I callar. O simplement potser només dient: La meva mare està morta i la bèstia ha fugit. Té alguna cosa per esmorzar? I llavors la dona de l'alcalde dient-li: Tinc ous. I quedar-se-la mirant. O potser: El meu marit està caçant. I callar també, però no per no tenir res més a dir, sinó per voler dir alguna cosa i no saber com fer-ho.

Però encara vaig anar més lluny. Vaig entendre en pocs segons per què l'Anna havia dormit en un estable que ni tan sols era seu i no a casa seva com hauria fet una persona normal que no l'hagués engendrada una bèstia i s'hagués acostumat a viure com una salvatge. L'Anna hi havia volgut arribar a l'hora de sopar però es va entretenir massa pel camí i quan va arribar al poble tothom ja era al llit i només els animals no es van incomodar amb la seva presència perquè tan ràpid com es desperten es posen a dormir de nou. I llavors es va estirar allà, sobre la palla de l'estable, potser sense ni dormir perquè potser va pensar que ja ho havia fet massa durant els pocs anys que recordava tenir existència i es va esperar que aparegués la primera llum, que de tan pobra com és en aquelles hores encara es pot anomenar fosca. O potser sí que va dormir i el que realment la va deixondir va ser el gandul de l'alcalde preparant els fusells i les botes de vi per anar a caçar mentre espavilava els gossos. I llavors va obrir els ulls, i quan l'home va marxar –en efecte, era una salvatge, però sota aquesta salvatgia hi havia una dona amagada que sabia que sempre és millor parlar de dona a dona abans que de dona a home–, es va recollir els cabells plens de palla amb una corda i es va dirigir cap a la cuina, on sabia que només hi trobaria la dona. Però tant és. El cas és que vaig entendre que hi havia volgut arribar abans de sopar, però que pel camí es va entretenir, perquè tan bon punt s'havia assegurat que el seu pare havia fotut el camp d'una vegada, va veure que ja havia esperat massa temps qui sap què i que ja era hora de començar a caminar per si sola. Tampoc li quedava altre remei. Havia comprès que l'única cosa que podia fer si volia mantenir el casal i salvar aquell esquitx de la pròpia sang que son pare encara no havia acabat d'enverinar era contraure matrimoni. I per això es va entretenir. Mentre jo era a la meva cambra dormint amb ell i somniant com a noia –o potser més aviat com a infant– que algun dia m'hi casaria, ella s'havia dirigit a casa el pare d'en Jaume i li havia demanat el meu home, que aleshores vaig comprendre que no ho havia estat mai, en matrimoni. I això havia estat tot: el senyor Capdevila acceptant l'oferiment i prometent-li la mà del seu fill abans que en Jaume sospités de què anava la història i ella vinga a seguir caminant, de pressa, cap a la següent parada que considerava indispensable per tal d'assolir el seu propòsit. Però hi havia arribat massa tard, perquè tot el poble dormia i l'únic lloc que havia trobat per poder descansar –sí, potser només això: reposar de la llarga fatiga d'haver suportat durant tants anys una vida que ni ella havia escollit ni volia– havia estat l'estable de la família de l'alcalde.

Però el que no m'acabava de quadrar era per què diantre en Jaume ho havia acceptat. Pensa, em va dir, després d'haver-me tornat a posar la mà al cul. Cada vegada la fosca s'anava fent més gran. Aviat arribarien els primers clients i jo havia d'espavilar les dones perquè es comencessin a rentar i a posar els vestits, però no volia sortir del llit sense haver descobert abans totes les raons. El fred havia començat a gelar-nos la pell. Li vaig demanar que es tornés a estirar amb mi, al meu costat, i que m'abracés i m'escalfés i m'expliqués per què l'havia escollida a ella i no a una altra dona. Es va treure el coixí de darrere l'esquena i el va posar al costat del meu i es va estirar. Jo vaig estendre bé la manta i vaig arronsar-me perquè no em quedés un peu fora. Llavors va parlar: No l'he escollit jo ni tampoc m'ha escollit ella. A mi m'hi ha empès el passat i a ella la necessitat, o viceversa, ja que les dues coses venen a ser el mateix.

I me'n vaig adonar. Potser aquell dia jo m'havia fet gran –si més no, havia après qui era jo i què podia permetre'm somniar a partir d'aleshores–, però ell encara es trobava en la infantesa, en aquella ombra buida que li havia deixat el seu germà petit quan un dia jugant amb ell havia desaparegut per les terres dels Planadevall i mai més ningú l'havia pogut trobar. Ell encara estava encallat entre el sentiment de culpa per haver perdut el germà i l'esperança de recuperar-lo algun dia. O potser ni això: tan sols trobar-ne els ossos. I el vaig perdonar, perquè vaig veure que jo no era la dona ultratjada i enganyada en què tothom hauria pensat que ell m'hauria convertit si jo no hagués estat una puta, sinó la puta comprensiva i atenta que a partir d'aquell dia només podria sentir compassió per ell. Res més.

Per aquest motiu només em va fer pena i no pas mal el dia que el vaig veure caminant amb el cap cot cap a l'altar, on l'esperava aquella salvatge que no s'havia ni canviat el vestit amb què aquell dia havia dormit a l'estable de l'alcalde. Amb aquell vestit de color marró com la seva pell, que més que roba semblava pellofa de castanya socarrada i que portaria durant uns quants anys més, fins que nasqués el seu tercer fill, en Joan, a qui més tard acabarien matant amb un tret d'escopeta per haver nascut amb més sang Capdevila que no pas sang de bèstia.

Però llavors ja haurien passat uns trenta anys. El meu fill ja seria gran, tan sols amb uns pocs anys més que en Joan i amb exactament la mateixa edat que en Tomàs, amb només un mes i escaig de diferència. I tanmateix, tots tres tan distints com si un encarnés el cel, l'altre el purgatori i l'últim el mateix dimoni. En Joan només havia rebut una quarta part de sang de bèstia, fet que li permetia comprendre amb claredat el seu voltant, com Déu mateix, sense voluntat de perpetuar la barbàrie, i en Tomàs, per contra, havia heretat tres quartes parts de maldat i d'en Jaume només la carcassa, aquell posat de vell que ja tenia amb vint anys i que tanmateix m'havia fascinat durant tant de temps i m'havia desvetllat tantes nits d'insomni. I l'Esteve allà al mig, sense pare reconegut i sense semblar fill meu, perquè l'únic atribut que se li podia trobar només podia ser causat per la malaltia: de tan bo com era semblava que només havia aparegut allà per purgar els nostres pecats i que, sense comprendre res, arribava a entendre-ho tot. Per aquest motiu, quan al cap de trenta anys en Jaume va baixar a casa per dir-me que en Joan ja no era entre nosaltres, que algun malparit li havia cardat un tret, i l'Esteve em va preguntar si podia anar amb ell l'endemà a enterrar-lo, que li volia fer costat, jo li'n vaig donar permís, perquè en certa manera en Joan havia estat un germà per a ell, potser no de sang però sí d'esperit, perquè en Jaume sempre s'havia comportat amb ell com un pare.

6. CAPELLÀ

I veient Jahvè que la malura de l'home omplia la terra i que tots els pensaments que ideava en el seu cor eren pura maldat constantment, va lamentar d'haver fet l'home a la terra...

Tan bon punt vaig arribar a l'esplanada seca i sorrenca que hi havia davant del casalot em vaig adonar que no havia arribat en el moment just per poder-lo enterrar i després fotre el camp. Els de la casa encara no havien cavat el forat. La Maria era allà amb aquells ulls cosits a terra que no em volien mirar i, per contra, aquell espantaocells del seu germà esquifit i migrat al seu costat em mirava amb molt més que curiositat, com si en aquell precís instant, confusament dins el seu cap, hagués recordat aquell dia de feia ja uns dos anys en què m'havia vist ple de suor i vergonya i impotència sense saber on posar les mans. Vaig veure clarament que havia sortit de la rectoria i m'havia assegut sobre el xarret massa de pressa, sense quasi ni pensar cap a on em dirigia ni com començaria el discurs que feia temps que somniava, empès pel desig irracional d'aprofitar la mísera oportunitat que Déu m'oferia per esmenar l'ofensa amb què aquell dia la Planadevall, dins la meva pròpia església, m'havia obligat no només a callar, sinó també a abandonar la meva criatura abans de permetre'm rebutjar-la en el cas que sobrevisqués al part. Prou sabia que aquesta era l'última oportunitat. O la Planadevall escoltava tot allò que jo encara no sabia que havia de pronunciar i passava ves a saber què esperava que passés, o ja ho podíem deixar estar. I no es podia pas dir que jo no havia tingut temps per trobar un què i unes paraules encertades. Després d'enlairar-me a la carrossa sense raonar, vaig viure les dues hores més llargues de la meva vida. I no era només per la calor, ja que de tant en tant un aire que no sé d'on sortia, perquè el moviment del carro et despistava, anava refrescant l'angoixa. Era sobretot per aquell silenci que ens va acompanyar durant tot el camí i per aquella soledat bruta i barroera que, tot i ser dues mules i quatre persones amb una caixa –si és que la podíem anomenar així– en un xarret de tres seients i poca aigua i moltes coses a dir, se sentia més que el frec de les rodes sobre la terra.

No m'ho esperava gens, quan aquell va venir baladrejant fins a la rectoria i, tot estrebant-me la sotana, em va dir que el seguís corrents, que a un fill dels Capdevila li havien segat la vida. L'han matat i ara han baixat a buscar la caixa i vostè ho havia de saber, oi? I la boca de l'Esteve s'anava obrint com buscant una resposta que jo no sabia d'on treure, com si en aquella tragèdia ell hi hagués trobat divertiment i emoció i amb el pensament ja anés molt més enllà. Qui l'ha matat? No ha estat ningú del poble, oi? Jo tampoc sabia què respondre, aleshores. Aquestes coses no són del nostre fer. Però en realitat sí que ho eren. I jo, més que ningú, ho havia de saber.

Per això de seguida vaig agafar el que vaig poder i ho vaig ficar en un sac de canemàs i me'l vaig penjar a les espatlles després de foradar-lo amb una corda. Un entrepà de mantega embolicat i unes paraules de rèquiem esmunyides en un paper mal tallat i sobretot pols. L'anava traginant amunt i avall per tota la sala sense saber què més agafar i donant-me cops amb tots els mobles. Va, va, deixi-ho estar i anem, oi? I no vaig ni tancar la porta de l'església quan l'Esteve em va cridar: Va, va, no deu pas voler que el deixi enrere, oi? Jo sabia que la història ja devia haver corregut abans que el beneitot m'ho hagués vingut a dir, perquè aquí un eclesiàstic és l'últim d'assabentar-se de res, aquí les històries m'arribaven després d'haver estat venjades o comprades o intercanviades per una esposa o unes terres o unes eines noves que o s'aprofitaven o s'intercanviaven per d'altres de més noves.

Eren les onze del matí. Les dones just s'havien posat a escalfar el brou i la resta de vilatans encara eren a les feixes resistint l'esgotament de la terra i desitjant que el sol els comencés a cremar la corona per avisar-los que ja podien desempallegar-se de les eines per anar a devorar la teca que els havien preparat. Els carrers per on només caminàvem l'Esteve i jo feien olor de pollastre bullit, patates i naps. Era tanta la calor que per un instant, i de sofriment, vaig arribar a oblidar cap a on em dirigia. Però el descans només havia durat el necessari i prou, perquè aviat els vaig veure allí i l'agitació va tornar a gelar-me la gola. Ambdós tenien el mateix posat, només el més vell una mica més corbat, com si de pena o melangia s'hagués desgastat, com si li faltés rec o disciplina. Són allà. Els veu, oi? I les trepitjades esverades i altisonants de l'Esteve van fer que en Tomàs girés el cap.

Ja hi som tots, va dir després de veure'm. No; hi falta en Joan, el va tallar en Jaume. Però abans que aquesta petita disputa es convertís en una gran baralla, l'home que ells coneixien de ca la Dolors ja s'havia espavilat per intentar afluixar la ràbia d'en Tomàs. No és el millor moment per refregar-nos vells rancors familiars. Hem de pensar en la vida que ha expirat. I per això tinc uns bons taulons, perquè el noi pugui descansar en pau, i... Volem la caixa més barata, només alguna cosa perquè els cucs triguin més a foradar. Caram, caram, veig que volem demostrar que som de terres dures, però també...

Qui havia tallat l'enfrontament entre pare i fill era en Casassas. Un home rabassut i llest com una meuca que amb una palada t'entaforava qualsevol rampoina pel preu que ell li hagués volgut posar. Aquell dia els ulls del color de les fulles seques li brillaven amb molta més astúcia de la que deixava entreveure mai. Era conscient que aconseguir endossar la caixa a aquell parell de sabatots era un nou repte, una nova dificultat per superar i per demostrar que podia treure profit de qualsevol vendaval. Aquella gent podia ser tacanya, però ell era el millor venedor de la comarca i prou. I era més clar que l'aigua que aquell dia no només la pròpia exigència sinó també la de les males llengües l'exhortaven a demostrar la seva destresa. Però picava ferro fred perquè aquella gent era de sang rància, animals que a les dues frases ja et deixaven d'escoltar. Amb ells s'havia d'anar al gra, intercanviar més objectes que conceptes.

O para de parlar i em dona una caixa perquè me'n pugui anar, o la seva alamara ja l'ha vist prou, li va dir en Tomàs. I ningú sabia si l'amenaçava a ell, de tombar-lo d'una tupada, o al fermall. És maca, oi?, va escopir tot d'una l'Esteve. Però més que maca era pomposa i cridanera i no hi feia res en un poble com aquell ni en tota la santíssima comarca. Ep, ep, ja sé que està passant per un moment complicat, però no cal que ens posem d'aquesta manera, perquè tota tempesta sempre té... Però en Casassas aquesta vegada no acabava de copsar de què anava la història. Aquell home rodanxó i afaitat que un bon dia havia arribat al poble ja casat i amb criada pròpia i havia posat una botiga amb massa colors i coses per a un poble massa ratat encara no coneixia com se les gastaven els pobres de les terres altes. Ell era un home de futur i no un home de passat. I la misèria no apareix mai als somnis. Però jo sí que ho sabia i per això no em vaig sorprendre gens quan en Tomàs va començar a girar cua. Però, per què se'n va? Perquè nosaltres ja en tenim, de fusta, va dir en Jaume. Hem baixat perquè volíem que la cosa fos més àgil, però vostè no ens ho posa gens fàcil. Vostè no en sap. I el que va venir després, tot allò de la caixa –si és que a allò algú s'atrevia a anomenar-ho així–, va sortir d'aquí, d'això últim que va ser dit. Va ser amb aquesta última sentència que en Casassas ja en va tenir prou. Podia aguantar una amenaça de bati amb un somriure i que li menyspreessin el fermall, però mai la intel·ligència. Només calia veure la roba que duien els d'un bàndol i l'altre i comparar el gruix de la terra que cadascun d'ells duia sota les ungles. Vostè a mi no em pot dir que no en sé. Doncs bé que ho he demostrat. I les celles se li van començar a arrufar i la ràbia li va començar a penetrar la sang. Però ell era de bona família i a casa sempre li havien ensenyat que una bona paraula eixuta fa més servei que quatre crits mal dats. Així que ja veies l'homenet emprenyat i mossegant-se la llengua com una bombolla de vidre roent a punt d'explotar i els altres dos estaquirots quiets a l'ombra i sense impacientar-se; en Tomàs mastegava tabac tot rient rient com si prengués la fresca.

Jo tinc-c-c-c-c una caixa, va dir l'Esteve, mig quequejant, mentre la parpella dreta tota boja se li movia amunt i avall sense parar. La de ta àvia no compta, havia de respondre en Tomàs, amb aquella agilitat mental que sempre l'havia caracteritzat. Amb la mateixa fermesa i rotunditat que des que era un noi, si no hagués estat pels músculs poc desenvolupats i aquell borrissol que li cobria les galtones plenes a vessar de serietat que ja tenia als tretze anys, el feien semblar de vint-i-quatre. Sí, no... No és aquesta, és una altra que no està sota a terra. I si voleu us la puc donar, oi?, perquè no és meva. No és de ningú. Només m'heu de seguir... I trigava tant a recordar el camí i l'amagatall o el lloc on algú l'havia llençat i ell l'havia vist que, fent un recompte del temps que hi havia dedicat, podies entreveure que no era pas a prop. I certament tenia raó, perquè era tan amunt de la vila i tanta l'estona que vam caminar, que vaig poder recordar cinquanta vegades tots i cadascun dels insults i remucs d'en Casassas que, ara sí, després que giréssim cua sense acomiadar-nos, aquesta vegada ni els seus principis havien pogut retenir.

I quan quasi semblava que el carrer i la ruta no tenien fi però que el silenci sí i que o parlava algú o jo hauria acabat dient bajanades, l'Esteve va dir: Hem de girar per aquí. I va assenyalar un viaró ple d'aquelles males herbes que semblaven enciams però que tenien punxes i també ple de palla que semblava morta però que ja havia nascut amb aquest color de sequera. A l'esquerra hi havia un casalot antic i ruïnós que ja ho era llavors, feia trenta anys, quan vaig arribar al poble, i a la dreta tomaqueres silvestres massa crescudes i escantells de terrissa i trossos de tela cremada. Hem d'arribar al final fins abans d'arribar a les moreres i llavors girem a l'esquerra i ja hi som, oi? I el beneit caminava amb aquells malucs greixosos que no podies parar de mirar i aquella joventut que, tot i ja rondar els trenta anys, el seu poc enteniment encara preservava.

Amb un cop de cap a l'aire en Tomàs em va convidar a passar abans que ell i a seguir l'Esteve. Però no ho va fer a propòsit, perquè aquell era un gest molt seu, forjat amb la brusquedat convenient per tal d'evitar que algú el contrariés. És aquí, ja arribem..., anava dient l'Esteve mentre arrossegava els camots per aquells camins que a part d'ell ni Déu havia trepitjat des de feia innumerables tempestes. Aquell maleït corriol encerclava tota la casa. T'hi anaves trobant cada cop més escantells de terrissa i brutícia i més trossos de tela cremada i més verd que s'enfilava per les parets a punt de caure definitivament, com si ens haguessin estat esperant just fins aquell moment per poder acabar de defallir i formar part d'aquella bogeria, com si necessitessin una última empenta per poder morir tranquil·les però encara vigents en el record d'aquell dimarts al dematí.

Llavors de sobte l'Esteve va parar i jo, per la inèrcia del caminar, quasi em menjo aquell tros de carn amarada de suor i pudor de malaltia. És aquesta, i va assenyalar alguna cosa que el seu cos no em deixava veure encara. Que hi vens sovint, per aquí? No. De tant en tant hi vinc i m'assec una hora o potser una mica menys i després marxo i busco a veure on és la mare. És tranquil, oi? Però en aquest poble tot era aparentment tranquil. Vols dir que servirà?, va preguntar en Tomàs. Què hi fa, va dir en Jaume, a mi ja em serveix. I va ser just després que en Jaume digués aquesta ximpleria, aquesta malaltissa i esbojarrada resposta irreflexivament donada, perquè a ningú amb una mica d'enteniment i a qui li importés mínimament el seu fill mai se li hauria ocorregut acceptar aquella cosa com a caixa, que la vaig veure per primera vegada. Llavors encara no m'ho podia creure, però després m'ho vaig creure de totes totes. No calia que mirés enlloc més cercant una caixa de debò perquè ells clarament es referien a allò. Estava envoltat per un retardat i dos Capdevila.

No gosaràs..., vaig dir mirant fixament en Jaume. Però com si no hagués dit res, al cap de poc ja em trobava allà, dalt del poble –sense saber com s'ho havien manegat perquè jo acceptés, sense saber com la voluntat de veure-la, a la Planadevall, havia estat més forta que qualsevol de les meves conviccions–, a l'entrada del viaró, de recules, arrossegant i aculant el meu xarret per tal de carregar-hi aquella heretgia. I només va caldre la força de dos homes per posar-la al damunt i el segon d'ells ni tan sols aguantava el pes sinó que només mirava d'equilibrar-la, perquè era de fullola i una cara fins i tot no tenia fusta i pesava menys, ja que era feta d'un enreixat metàl·lic mig foradat per una cantonada a causa de l'oxidació del temps. I, a més, aquella salvatjada que estava a punt de carregar-me a la consciència estava plena de cagades d'ocell, perquè allò no era una caixa per a morts sinó per a gallines. Allò era un petit corral, encara brut i ple de plomes que hi quedarien per sempre més, perquè jo sabia que ningú les trauria abans de ficar-hi el cos del pobre Joan. I ell no s'ho mereixia. Ell no havia estat mai com ells, ni ho hauria estat mai. Per això vaig fer veure com si no l'hagués vista, a Ella, quan vaig arribar al casalot, amb aquells ulls enfonsats que des de la finestra del pis del mig miraven les meves carns de dalt a baix, després d'aquell camí tan llarg amb aquella gent que m'angoixava i aquell remolí de nervis dins l'estómac i vaig preguntar per en Joan, perquè havia d'acomiadar-me'n abans d'arranjar qualsevol altra cosa.

La mare ni li ha tancat els ulls, va dir l'espantaocells migrat i morè del germà petit, que ara ja no em mirava amb curiositat sinó que amb una gran clarividència ja havia recordat definitivament qui era. El puc veure, oi?, va afanyar-se a demanar l'Esteve, passant-me pel davant. Ja s'havia tret el barret i el duia agafat amb les dues mans, amb aquell excés d'educació i adulació que tenen els nens i els beneits i aquell somriure ple d'emoció que encara no havia abandonat d'ençà d'haver-lo vist aquell mateix matí al carrer, després que decidís que jo havia de saber que en Joan ja no era entre nosaltres. Però tampoc hi havia estat mai. Perquè aquí, en aquest poble, en aquestes terres mortes, en Joan era un nen –ho hauria continuat sent encara que hagués resistit un o dos anys més– que no havia volgut despertar-se mai enmig de tanta misèria.

L'Esteve caminava decidit cercant el mort sense saber cap a on dirigir-se. L'espantaocells el va empaitar fins a atrapar-lo i de tomballons va començar a caminar davant d'ell. Duia el cap cot i les cames tortes, descarnades i ossudes com si s'haguessin d'esberlar a cada pas. No va aixecar el cap quan, en arribar a la porta del casal, i sense volerhi entrar, va com mig assenyalar amb el dit la direcció que havíem d'agafar. Entrant a mà dreta?, li vaig preguntar. I sense dir-me res més –mentre emetia un xisclet amb la gola–, va remarcar alçant més el dit la direcció que ja m'havia donat. Devia ser que sí.

La casa estava molt freda i fosca. Feia olor de pedra i pols. Vaig haver d'ajupir-me perquè el sostre estava bombat. A l'esquerra hi havia la cuina. En Pere era a dins, amb un escuradents a la boca intentant alliberar-se d'alguna cosa que li havia quedat entre els queixals. Ei, és allà, em va dir sense engolar la saliva que se li havia acumulat. Vingui, em va cridar l'Esteve, que ja l'he trobat. No sembla ell, oi?

Amb prou feines hi cabíem els tres. Cada vegada que el beneitot es movia –sempre que parlava, tot i dir coses sense pes, havia de fer ús de les espatlles i de l'espai i deixar que els braços se li balancegessin a banda i banda– m'empentava i jo topava contra aquella paret greixosa plena d'embotits i mosques. L'Esteve no feia cara de trist ni semblava comprendre on ens trobàvem. Ara has de callar, li vaig dir amb menyspreu i mig rabiós, perquè no feia més que embrutar l'escena i amb les seves bestieses no em deixava ni pensar. És que no havia vist mai un mort, oi? Però ja no li vaig respondre. No entrava gens d'aire per aquella finestra rectangular que hi havia a dalt, al racó. A través d'ella el cel es veia molt blau i la llum hi entrava com d'amagat, com buscant en Joan només, com si Déu, ja havent desistit, el perdonés per no haver pogut perdonar a tots els altres.

El nano feia la mateixa cara de mort, la mateixa cara pàl·lida de fugida i desesper que ara dormia per sempre en aquella habitació minúscula amb pudor de resclosit i humitat oblidada, quan aquell dia ja feia tres anys havia aparegut a l'església.

Llavors vaig pensar que em venia a matar perquè s'havia adonat d'allò meu i de sa germana i per això vaig agafar el salpasser de sobre la taula per si trobava l'oportunitat d'utilitzar-lo per defensar-me. Però en comptes de córrer cap a mi i estomacar-me la cara amb aquells braços forçuts i cremats pel sol, que ja havien deixat de fastiguejar-se pel cansament que haurien de tornar a patir al camp, perquè abans que el seu pensament el cos d'en Joan ja sabia que no volia tornar-hi, es va quedar allí, a l'entrada, suspès en mig d'un no sé què de polseguera que semblava ben bé un quadre si no fos perquè la suor que li recorria la cara i els pulmons que li bategaven sota el pit tenien moviment. Però el seu rostre no: em suplicava ajuda i em mostrava desesperació, tot i que ben bé no era a mi sinó a Crist o a algú a qui ell sabia que li podia explicar allò que em va explicar sense que li ho pogués explicar a ningú, perquè si jo xerrava més del compte podia arribar a perdre el sostre o la posició o l'espai encoixinat que havien costat tants anys i tanta dedicació i paciència.

I ho vaig veure clarament. El vaig veure lluitant manifestament per estar-se en aquell llindar sense voler traspassar la porta, repenjat a la portalada de fusta com si una passa enrere el sumís en la vergonya absoluta de la incapacitat i una passa endavant li tragués el somriure per sempre. Intentant mantenir-se allí, en la pubertat, en el camí cap a la maduresa, ple del verdanc que representa la joventut i la innocència, però ara ja una mica més assaonat per la inclemència que tot just acabava de descobrir en el món dels grans. Tenia la cara lletja d'haver plorat i duia una camisa del color de la terra, que ja s'havia acostumat al cos forçut i esvelt i simètric d'en Joan com si aquest, més que seu, fos propietat d'un David o d'una escultura de Fídies.

Ho té tot i no ho sap, em deia sempre la Maria quan parlava del seu germà. I per uns instants, tot seguit, ho pensava altra vegada com si no ho hagués reflexionat mai i, remarcant-ho i deixant-ho caure amb un so tan baix que si no s'havia sentit abans no podia ésser desxifrat, ho tornava a pronunciar: Ho té tot i no ho sap. Però aquell dia a l'església ell almenys sabia que tenia el poder d'aturar aquell torrent de malesa que corria dins els de la seva sang. Tot el que necessitava era atreviment. Només això: atreviment.

La seva bellesa sempre havia estat la de la innocència envoltada de pors de tota mena. Tenia els cabells negres i forts, el cos corpulent i la mirada intensa, però l'ànima dèbil. El vaig fer seure en un banc, agafant-lo pel colze i arrossegant-lo sense força, com si tingués al davant la delicadesa en persona, i vaig anar a buscar-li una mica de cafè. Quan vaig tornar seguia en la mateixa posició; el cap li queia endavant sense força, els colzes recolzats al respatller del banc del davant i el palmell de la mà dreta encaixat sobre la parpella per sostenir la testa. Joan, t'he dut cafè. Però no en volia ni tampoc em mirava ni semblava pensar en res més que en alguna imatge que l'atacava i que volia arrencar-se de sobre. Em vaig beure jo el cafè. Pots dormir aquí, si vols, li vaig dir després. Sí, tens tabac?

Fumava compulsivament. Encara no havia tancat la boca que ja treia el fum i xuclava una altra vegada la cigarreta. Portava barba de tres dies i anava movent la mandíbula a dreta i esquerra com si li fes molt de mal i mirés de desfer algun dolor muscular acumulat molt de temps per la tribulació de la impotència. Tot ell era nerviosisme. El vaig ficar a la cel·la on desava els trastos vells: els ciris desgastats dins de caixes que no havia llençat mai, els llibres de joventut que ja mai més llegiria però que ningú en aquell poble hauria usat més que per cremar, i el petit piano de l'anterior capellà, trist i oblidat, sense cap partitura que el pogués fer reviure. Unes mantes a terra van servir de matalàs i li vaig deixar un llençol per cobrir-se, no tant per la fresca, perquè d'aire no en passava gens, sinó perquè se sentís protegit. Ja feia prou temps que les nits t'ofegaven amb aquella calor que no et deixava dormir d'una tirada ni somniar en res que no fos malaltissament indecent. Et pots quedar avui i demà i tots els dies que necessitis, si vols, li vaig dir. No, marxaré demà. I l'endemà mateix va marxar, sense emportar-se res, pensant que ja n'acumularia, de coses, més endavant, com si encara li quedés molta vida per anar filant, com quan ets jove i creus que tot està per fer sense adonar-te que tot el que has fet ja ha començat a cordar, que tot el que has pensat ja t'ha definit i rarament res de nou no et definirà més endavant. Però el periple tan sols li va durar tres anys. Mai va acabar de fugir del tot, i quan es va adonar que era una desbandada innòcua i que no sortiria mai d'allà on la vida l'havia posat, va tornar al casal i un cop aquí la mort el va enxampar. Ara tornava a ser al passat, entre la sang que l'havia engendrat i al mateix temps ensorrat, havent nascut només per rovellar-se, per expulsar tot el pensament manyac i tot l'esforç que dins d'aquesta família s'havia de fer per resistir-se a viure com un desgraciat. I ara, en aquest llit, en aquesta habitació ennegrida i petita, abandonat pels de casa entre mosques i embotits i pots de compota, perquè si no hagués estat per nosaltres dos aquesta habitació hauria estat tot el sant matí buida, no semblava ell per molt que jo m'esforcés a reconèixer-lo. La mort s'havia endut el més valuós que en Joan havia tingut mai; enlloc trobava la seva bondat soferta, ni el patiment que hom sent quan creu que el món no el decebrà mai, com si tot el que en aquesta terra Déu fes créixer hagués estat emmotllat per la seva mà i mai ningú fos capaç de fer mal sense un bon motiu. Així era ell, un jove massa bo que confiava massa en els altres, que ho hauria pogut donar tot, perdonar-ho tot, si des de petit no hagués tingut aquesta moralitat tan viva massa encarnada al crani i aquesta manera de mirar el món com si tot fos massa bell, perquè quan es va adonar del que havia vist i amb qui havia conviscut durant tants anys no s'hi va poder acostumar. De sobte se li va fer tot una muntanya. Hi ha coses que triguen anys a madurar, i per aconseguir-ho ell hauria necessitat espai, i una mica de temps per anar engolint allò que li havia fet mal i que no havia imaginat mai que pogués arribar a passar. Però jo coneixia prou bé la seva mare i per això no em va estranyar gens el que em va explicar abans de marxar, perquè jo, a diferència d'ell, feia anys que tot el que podia arribar a succeir en aquella família de malcriats ja ho havia paït fins al punt que res no em faria pertorbar més del necessari. Cadascú ha d'aprendre a viure amb els seus secrets o morir per ells, perquè no s'obliden mai. I aquest va ser el motiu final de la mort d'en Joan, l'intent d'oblidar la desgràcia en comptes d'enfortir-se per acceptar que les coses van com van, que el món que sempre havia dut a dins no era el que era ni ho havia estat mai, que l'ésser humà sempre té alguna cosa a dins per amagar perquè per algun motiu Déu l'havia expulsat de l'abundància i l'havia condemnat al desert ple de maldat. I ell no ho va poder superar mai. I fins amb l'ànima fuita en aquella cambra tenia la mateixa cara d'espant, d'acabament, que des de feia tres anys i poc havia anat arrossegant. Ni la mort la hi havia pogut llevar. I el regust d'asfíxia que cada part del seu cos desprenia en aquell moment era tan clar, que fins l'Esteve el va notar i per amagar-lo va intentar tapar-li els peus, que li sobresortien, amb el llençol brut de sang tot rebregat. Ho va fer amb tanta delicadesa que, commogut, vaig sentir que no podia fer menys i vaig apropar-m'hi per tancar-li els ulls i, tot seguit, la boca. I després de fer-ho, en apartar-me de nou i contemplar-lo des de dues passes més enrere, vaig sentir que per fi havia pogut marxar, que o Déu l'havia acceptat en el seu regne o bé almenys un últim gest d'amor li havia pogut donar pau.

La Maria pregunta si voleu escudella, va dir el nen sense atrevir-se a entrar per no haver de veure de nou el cos inert del seu germà. Perdut en tants pensaments, les meves orelles no havien sentit les seves passes i un calfred d'espant em va rebotar dins del pit. Havia estat tanta estona cavil·lant que de sobte la realitat em semblava una ficció. Com que m'havia menjat l'entrepà pel camí, no tant per gana sinó per ansietat, li vaig dir que ja anava ben servit.

Jo s-s-s-s-s-s-í que tinc gana, va dir l'Esteve, i em va tornar a empentar. P-p-p-p-p-p-odem menjar llonganissa? És que aquests embotits només són per vendre, va respondre la veu de la Maria, secament, com si des de feia molta estona en la penombra, al peu de l'escala, rere la paret, ens hagués estat escoltant, mentre esperava que jo digués alguna cosa per poder fer una de les seves entrades triomfals. Sempre havia tingut molta agilitat amb la llengua i per quedar-se callada en els moments en què no havia de callar. Va fer una passa i es va posar rere el nen, mirant-me per primer cop en molt de temps, emmirallada en el meu rostre com ja feia gairebé dos anys que no ho feia, amb els braços a la cintura i els cabells salvatges, ondulats, la pell de sota els ulls roja com la sang d'haver plorat. Darrere seu la llum que entrava per la porta principal la resseguia subtilment i li daurava els cabells esfereïts, malmesos per l'aire de les muntanyes i l'ardor del camp. Vosaltres aneu a menjar alguna cosa, va dir als dos ximplets, que no van trigar a obeir-la. El primer que li vaig preguntar va ser si sabia on era la seva mare. Crec que dorm al quarto. M'agradaria parlar amb tu, li vaig dir amb la veu fluixa, acostant-m'hi una mica més, com si no volgués despertar la mestressa, tot i que sabia que no dormia perquè Ella, abans que jo arribés, ja havia augurat la meva arribada i en el moment que vaig trepitjar el terra ella ja era allà, a l'ampit de la finestra, mirant-me amb aquells ulls de fera que no tenien altra intenció que espantar-me perquè fotés el camp. Aquí no, em va dir. I em va agafar la mà i la va deixar a l'instant, aquella mà petita i ferica que jo sempre havia desitjat tant, i amb aquell encantament no vaig poder evitar de seguir-la a fora, més enllà, rodejar la casa i quedar-me palplantat sota el sol al seu davant. Llavors em va dir: T'has fet vell. Sempre ho he estat. Però ara et veig molt vell. Tu, que abans em veies amb bons ulls. Jo tinc els ulls de sempre.

No m'havia dut allà perquè sí ni jo l'havia seguit sense intenció, però cap dels dos sabíem què dir-nos. Ella em mirava des de baix, asseguda al banc de pedra, i anava corbant l'esquena cada cop que jo esbufegava, i instintivament pujava el cap, cercant que jo li digués alguna cosa que pogués trencar aquell silenci que, si bé no era desesperant, era incert després de gairebé dos anys de jo haver-la rebutjat. Ella jugava amb els forats que hi havia a la pedra del banc. Els anava arrencant les herbetes que la natura havia permès brotar i amb el dit escurava la terra que quedava a la vista, per després amb el palmell de la mà sacsejat amb rapidesa treure-la tota cap enfora. Et faràs malbé les ungles, li vaig dir. Però aquest cop tu no me les arreglaràs.

Estava enfadada, però encara m'estimava. Li ho podia apreciar en el to de veu, en la quietud i en aquella finor que no era de menyspreu, sinó que amb gràcia cercava complaure'm. De la pineda corria un airet fresc que a l'ombra dels murs de la casa em feia sentir ple de joia. Vaig pensar que en tot el dia era la primera vegada que respirava. Podia contemplar el poble al fons, ben petit, més enllà dels camps segats, i podia imaginar les dones ajupides, somrients, arreplegant carbassons i albergínies per fer el sopar, i el camí que havia fet per pujar allà dalt ara em semblava tan recobert d'un plaer tan gran, embellit per la llum daurada que avisava el capvespre, que qualsevol pensament vertader sobre com havia succeït tot hauria estat rebutjat a l'instant. Què mires?, em va preguntar la Maria. Els camps, els colors... Tu sempre t'encantes.

De fons se sentia un soroll persistent de cops etzibats amb monotonia. Són el pare i en Tomàs que caven el forat, em va dir ella com si pogués llegir-me les cabòries. Pel camí havien anat discutint de manera interrompuda on havien d'enterrar-lo. Quan l'un deia que ho havien de fer sota la pineda, l'altre, al cap de força estona, com passada una bona mitja hora, responia que allà la terra seria massa humida i que estava massa cansat per aixecar sorra pesada. Llavors proposava enterrar-lo en una altra banda i l'altre li recriminava alguna cosa després de llargues cavil·lacions sense treure'n res gaire clar. Jo només esperava que en arribar la feina ja fos feta. A voltes un deia que en determinat indret no es podia perquè a sota hi havia una pedra grossa o perquè era un lloc de pas. Com si el fet de trepitjar-lo fos més denigrant que negar-li el descans lluny del cementiri.

Ha sobreviscut?, li vaig preguntar a la Maria, intentant desfer allò que durant tot aquest temps m'havia inquietat tant. És una nena. I no l'heu batejat? La mare dirà que és filla d'ella; el pare ja ho sap. El que ell no sap és que la criatura me la vas ficar tu a dintre.

La Maria encara donava el pit, perquè tenia les mames grosses que li premien el vestit. Em va explicar que, quan la criatura ja no la necessités, tenia previst marxar, no gaire lluny però sí un bon temps. En Tomàs no es volia casar i en Pere ja tenia promesa. A ella li tocava poca cosa i sa mare li havia trobat feina en un altre mas perquè anés fent butxaca per al moment de casar-se. Tinc... ganes de marxar, em va dir amb aquella veu fràgil i penetrant que semblava buscar que jo li barrés el pas. Fas ben fet; trobaràs un bon home, li vaig dir. Hi havia alguna cosa dins meu que no volia que cap home més que jo la tingués, però ni podia ni volia que fos meva. Aquests anys de soledat m'havien fet pensar en el que havia passat: el trencament de la meva promesa a Déu, la desídia que durant tants dies m'havia desviat del meu camí i la culpabilitat que sentia quan les mirades de la gent que em passava pel costat semblaven recriminar-m'ho tot sense saber què era el que jo amagava. Tot això s'havia acabat. Ara havia tornat a la meva vida de sempre, a la vida de cabaler que m'havia disposat el meu germà gran. No és que jo hagués acceptat entrar al seminari per amor a Déu ni que temps més tard aquest amor m'hagués corprès més del que havia corprès els meus companys, sinó que era el que m'havia tocat. Per això no podia ser pare i no ho podria ser mai, i tot i que tenia ganes de veure la criatura –la Marieta, que era com jo l'anomenaria anys més tard–, en aquell moment sentia que encara no estava preparat per conèixer-la. Però tanmateix la nena era allà, al mateix casal, respirant el mateix aire que a mi se m'havia començat a trencar, a punt de plorar quan es despertés, i jo temia que no podria evitar socórrer-la i intentar que parés de sanglotar, mentre li miraria aquells ulls que encara no sabia de quin color eren, però que del cert sabia que eren grans, perquè no hi ha nadó sanot i espavilat que no busqui amb les retines capturar tot el que té al davant. I jo era el seu pare, malgrat que probablement ella no ho arribés a descobrir mai. Tenia por i desig i ambdues coses se'm barrejaven dins l'esperit i cap no tibava prou. La Maria feia força estona que estava callada, ferida perquè el que ella hauria volgut hauria estat veure'm enrabiar, buscar-la i agafar-li les mans, empènyer-la contra el meu pit i dir-li que mai ningú més que jo l'hauria estimat tant. Que no la deixaria escapar. Però això no era així. I ja em veia sense paraules quan ella comencés a sanglotar si no hagués estat pel plor de la nena, que en aquell moment em va salvar; a mi, que fins aleshores havia pensat que d'un plor de sang no me'n podria escapar i, malgrat tot, em vaig quedar allà, sense acudir al reclam d'una filla: immòbil, desgastat, sentint-me per primer cop a la vida un home massa gran. He d'anar a veure què li passa, em va dir.

El nen deu estar enfeinat. I va començar a caminar cap al casal, sense girar-se en cap moment a veure si jo la contemplava, però mirant a un costat i l'altre amb elegància, deixant entreveure el perfil, mig d'amagat, mig amb gràcia, com si per un instint de dona, d'aquells que mostren amb independència de l'edat, hagués sabut abans que la nena comencés a plorar que en marxar jo la seguiria amb la mirada. I no va ser fins que com un miratge va desaparèixer en creuar la cantonada del casal que vaig tornar a sentir les palades d'en Jaume i en Tomàs, que ja tenien mitja tomba oberta.

M'hi vaig atansar. Al final havien decidit cavar el forat a prop de l'hort, on la terra encara una mica remoguda per les sembres seria més fàcil de llevar. De tant en tant un dels dos agafava el pic i destrossava alguna pedra que s'havia encallat o desfeia grumolls durs i secs de sorra que quasi s'havien convertit en còdols. No hi cabien tots dos a dins. Havien fet el forat just de la mida de la caixa, ni més petit ni més gros: un galliner no gaire ample, més curt que en Joan, però pel que semblava menys feble i més resistent que ell, no pas preparat per rebre'l i enterrar-lo, sinó reutilitzat de tal manera que pogués protegir-lo un temps de la terra, fos el temps que fos; aquella terra fèrtil i viva que l'havia engendrat i que d'aquí no gaire l'engoliria. I jo allà al mig, contemplant com ara l'un, ara l'altre, entraven dins del cau i n'expulsaven sorra. Quan un es cansava, sense dir res a l'altre, aquest ja li donava la mà per ajudar-lo a pujar i viceversa, sense parlar, cavant aquí i allà, fins que per fi en Tomàs va considerar que el cau ja estava acabat. I en Jaume li va donar la mà per ajudar-lo a sortir i en Tomàs amb l'altra va fer força contra el terra, mentre saltava cap amunt amb tot el cos i aviat li sortia la primera cama del forat i després l'altra. I què hem de fer ara? Esperar, va dir en Tomàs, i tot d'una va afegir: Potser seria bo que quan acabem hi posem una pedra grossa. Esperar què? Que la mestressa es decideixi a enterrar-lo. I llavors en Tomàs va començar a agafar les eines que havien quedat per allà al voltant mentre en Jaume, cansat, intentava ajudar-lo. No et preocupis, pare, tu ves a menjar alguna cosa. I llavors en Jaume, com si les paraules del seu fill, més que sentir-les, li haguessin penetrat la sang, va girar cua en direcció al casal, a poc a poc i sense aturar-se, sense qüestionar-se cap a on anava, com oblidant-se de tot el que deixava allí, tot el que la nit anterior havia viscut, i despreocupant-se de totes les desgràcies que ara vindrien, perquè tots sabíem que això no feia més que començar; talment com un animal guiat per la fam i després, si cal, per la bandada i la cultura. Perquè els membres d'una família que en cosa de dues generacions havia matat algú de sang dues vegades no podien pas més que preocupar-se pel propi menjar i encabat, potser, alimentar qui els proporcionava les menges. Perquè ja no era que entre ells s'haguessin anat erradicant d'un en un, tots fills d'una mateixa arrel, tots fills d'un avantpassat comú de qui encara recordaven el nom, sinó que ho continuarien fent: no ja vessant sang –o si més no, jo aleshores no coneixia cap motiu que dugués a cap d'ells a cometre un assassinat–, sinó recordant que se n'havia vessat, creant una herència, un caràcter de família no accidental sinó substancial, arrelat fins a la medul·la. I entremig, la meva filla, nascuda per no ser reconeguda mai com a meva ni volguda per la seva mare. I el nen: l'estaquirot esquifit i migrat i morè del germà petit, sobre qui cauria l'herència irreductible quan tots els altres l'haguessin dinyat i que no sabria què fer-ne. Ni tan sols ara, amb un germà mort en una habitació petita i fastigosa dins el casal mateix, sabia com diantre actuar i es limitava a córrer amunt i avall per l'hort i pels boscos seguit pel retardat del poble, a qui d'aquí una estona deixaria la cara com una taula de trinxar.

7. MARE

I jo, la filla. A qui no va tocar mai i ni tan sols va mirar perquè no em veia com una dona, sinó com un animal, un dels animalons per qui sentia més respecte que per la dona. I ella, l'esposa i mare, a qui tampoc va mirar mai, però sí apallissar, perquè no era considerada com una propietat a la qual cuidar, sinó com un peó necessari per aconseguir descendència. A qui va ennegrir durant anys i a cops de puny el cos i la dignitat, malgrat no haver-li permès mai ni tan sols descobrir el significat d'aquesta paraula. Era una mala bèstia, una mala bèstia de la qual depeníem no només econòmicament, sinó també d'esperit, perquè a ella l'havia matada en el moment de casar-s'hi i a mi m'havia engendrat abans que ella hagués tingut temps d'adonar-se que estava morta. Una bèstia furibunda que no feia més que remugar i beure aiguardent barat mentre les terres, que el meu avi i abans el seu pare havien treballat i que tots els vius que tenien ulls i un mínim d'ambició cobejaven, s'endurien, s'assecaven i malmetien el cognom que durant tants anys les havia nodrit amb la resistència i l'esforç irreflexiu de l'escarràs més inefable.

Però tenia unes quantes monedes heretades i amb això es podia pagar l'aiguardent. També unes mans que li cuinaven les sopes i unes de més joves que li treballaven la terra. Les mateixes mans que no em vaig adonar fins molt més tard que envellien massa ràpid. Però aleshores no podia adonar-me'n, perquè no les havia pogut comparar amb ningú ni tampoc hauria pensat mai de fer-ho. Llavors no tenia temps per pensar, només per treballar, i no vaig començar a disposar de temps fins que vaig acceptar de casar-me. I algú pensarà que em vaig casar a la primera oportunitat perquè ja era força gran –tot just acabava de complir els vint-i-un anys– o perquè l'única dona amb qui havia intercanviat paraula l'havia trobada morta sense enterrar o perquè l'únic home que m'havia donat un sostre i aliment m'havia abandonat però sense desaparèixer, perquè me'l trobava a cada racó de la casa, on totes les parets i tots els mobles i fins la pols duien el seu nom gravat massa profundament. I és que aquesta casa l'havia fet el seu avi i després l'havia adornat sa mare i l'havia acabat de pagar son pare. Tot fruit de la mateixa sang. Es dirà també que em vaig casar a la primera oportunitat perquè jo era una desgraciada que, tot i haver-ne tingut, ningú no hauria dit mai que havia tingut pares. Fins em costava enraonar, perquè era una salvatge que només es comunicava amb l'arada, el gos i sa mare quan aquesta semblava trobar forces per amagar la vergonya i poder-me mirar a la cara. Però no. Vaig casar-me perquè aquest era el meu casal i esperava que ell, la bèstia colèrica, algun dia hi tornés. I jo havia de parar quieta i tenir prou temps per desxifrar per què collons volia que un fill de puta com ell em tornés a dirigir la paraula. Aviat vaig entendre que un casament era un tracte, que en Jaume volia les terres que el meu cognom podia donar-li i els fills que el meu ventre li podia oferir. I que jo, com a dona, un cop enllestida la feina, tindria tot el temps que Déu em regalés per descobrir per què cada dia quan em llevava pensava en l'home que, tot i que ho era des del meu naixement, jo no havia anomenat mai pare. Tot el temps del món per construir, decorar i reflexionar el discurs que li fotria quan se'm plantés al davant, perquè ell no havia mort i jo ho sabia, com també sabia que tornaria, perquè tothom torna al lloc que li correspon en el destí que Déu ha escrit per a ell sense fixar-se gaire en què escrivia. Perquè si Déu s'hi hagués fixat, per la seva bondat la bèstia no hauria existit mai, i ni jo, ni ma mare, ni els meus fills hauríem pagat el preu tan car que se'ns ha fet pagar per la seva existència. Ara jo tenia un fill mort i ell encara no havia aparegut per la casa ni havia pagat pels pecats que havia comès. Pecats que tothom coneixia fins i tot millor que ell, i que jo podia llegir –aquestes coses en un llogaret no s'obliden i corren més ràpid que els anys– als ulls de tothom cada vegada que baixava al poble per comprar alguna cosa.

I això que era una bèstia esquifida. No havia estat mai algú bencossat que hagués pogut ser temut per la seva força. I tanmateix ningú volia creuar-s'hi. Tenia les cames llargues i primes i semblava que les articulacions, cada vegada que se li doblegaven, li haguessin d'esguerrar la pell. Amb aquells dits grocs i bruts del tabac que fumava sempre a qualsevol lloc i que, un cop encès, no es plantejava mai si feia nosa o no, o potser li agradava buscar el lloc on pogués molestar-me més. Amb aquella armilla de color inexplicable per esfilagarsada tot i que no bruta, perquè era jo qui la netejava quan anava tan borratxo que ni s'adonava que l'estava despullant, que no es treia ni per anar a dormir ni per anar de putes. I aquells cabells que sempre li anaven amunt i avall de la cara, gruixuts i durs i sense cap indici de calvície, no per salut sinó perquè eren plens de brutícia. I tenia els dits plens de talls. A banda de beure aiguardent, anar de putes i pegar a la dona, li agradava tallar figuretes de fusta.

Recordo que feia una estaca o alguna cosa llarga i punxeguda quan amb la navalla a les mans plenes d'estelles em va assenyalar i va dir: Hem de parlar. I ho recordo nítidament, perquè per primera vegada la bèstia es dirigia a mi i em mirava amb uns ulls que anaven una mica més enllà de la indiferència. Jo estava encongida birbant les males herbes i en tenia un bon grapat a la mà i em vaig sorprendre tant que em van caure sobre els genolls i vaig fotre un crit perquè per un instant vaig pensar que hi havia una aranya i a mi encara em feien por les aranyes. És per això que mai he volgut tenir dones, em va dir, perquè sou massa dèbils, i va callar. O no va callar però sí que va fer alguna cosa que no sabria explicar, un gest que potser havia heretat del seu pare o del seu avi per aquestes coses que fa la sang i que semblava una pausa perquè tot d'una va afegir: Tindràs un germà. I ara sí que va callar i va tornar a agafar la peça de fusta i va continuar tallant.

I així m'ho va explicar. M'ho va explicar perquè era l'única cosa que sempre havia volgut i se sentia tan inflat de ves a saber quin sentiment que necessitava explicar-ho urgentment a algú i jo era la cosa que tenia més a mà a part de la navalla. Ell sempre havia volgut un hereu i prou. Un hereu per ves a saber quines històries, perquè les úniques terres atàviques que li podria deixar, a banda d'una sang podrida i un cognom massa pompós, i que el seu pare i el seu avi s'havien esforçat a alimentar i enverdir i enfortir quan l'hivern les colpejava amb la força de la rufaga, les estava matant la beguda i el seu caràcter de mala bèstia. Però malgrat que era jo qui el recollia a ell i a les ampolles que abandonava per terra, era ma mare qui recollia la seva misèria. Perquè tenia la cara vermella i lila i negra quan es va girar després del M'ha dit que tindré un germà. T'ho ha dit? Sí, m'ho ha dit. I em va semblar per un instant que m'escoltava, però no, perquè la meva mare no t'escoltava mai. M'havia respost amb una pregunta de la mateixa manera que algú en entrar en una habitació gira el pom de la porta, així de ràpid, amb un moviment que no es pensa i tot seguit s'oblida, perquè després de la meva resposta els seus ulls van començar a fixar-se en una altra cosa i jo vaig entendre que el seu pensament mai havia estat allí amb mi. I estava fent mongetes. Feia bastants dies que només ens alimentàvem de mongetes, perquè me n'havien sortit moltes i eren molt bones. Aquesta vegada no havia deixat que s'arronsessin i es posessin dures. Jo encara tenia les mans brutes per la terra, però tenia ganes d'acariciar-la i ho vaig fer. I ella, com un animal ferit, com per instint, va fer una passa enrere quan li vaig acostar la mà, perquè la bèstia l'havia transformada tant que irreflexivament fins em temia a mi, la seva pròpia filla. L'havia magolat tant que si ara tanco els ulls amb prou feines recordo la seva cara neta i les seves faccions polides. Amb els ulls petits i els cabells negres i lluents com els meus, però no com els de la meva filla Maria, que no sé d'on els va treure pèl-rojos, com els cabells dels maleïts dimonis. I llargs. La meva filla no els va voler dur recollits mai. Només els hi vaig veure recollits el dia que en Joan delirava tot maquillat de sang, estès al llit on el vaig instal·lar després que tornés de passar tres anys fora. La Maria sempre ha estat una dona forta, i em va ajudar a canviar l'aigua de la palangana cada vegada que s'escalfava perquè en Joan tenia molta febre, malgrat que les dues sabíem –tot i que no ens atrevíem a dir-ho amb paraules, però sí amb els ulls– que no el podríem salvar, perquè es moriria. Hi havia molta sang i cada vegada estava més pàl·lid i cridava sense patir. Ja no era capaç d'adonar-se que sofria. I a mi em feien massa mal les cames per ajudar-lo a resistir, tot i que sabia que no l'ajudava a ell sinó a mi. Jo tenia al davant el meu fill tercer que estava a punt de morir-se i no sentia cap tipus de pena, i no ho entenia. Necessitava que continués viu encara una estona perquè no ho entenia. I estava tan nerviosa que ni em vaig adonar que em feia mal la panxa de gana. Allà només havia menjat la nena, i del pit de sa mare, fins que va venir el nen i se la va endur.

Però en Jaume sí que tenia gana i va manar a la Maria que parés taula i jo em vaig quedar allí, en la penombra de l'habitació, mentre esperava que vingués la mort a endur-se el meu fill. Jo, tan quieta i impassible com la primera vegada que Déu em va donar l'oportunitat d'observar-la de prop. I tot i que aquesta vegada l'esperava, la primera vegada no. No hi havia pensat mai tan seriosament com a partir d'aleshores vaig començar a pensar-hi. Acabava de complir vint-i-un anys i el meu pare feia un dia que m'havia dit que tindria un germà. I havia dormit poc perquè aquella nit havia sentit massa estona els cops de la bèstia i els silencis de la mare. Malgrat les ulleres i l'esgotament, avançava decidida. Feia dies que volia posar un boquer en un forat més enllà de la Roca Negra, perquè no volia menjar més mongetes. El cos em demanava carn. El sol encara no estava gaire amunt i per això m'havia tret la còfia, perquè m'agradava sentir com el vent passava entre els meus cabells i em refrescava el crani. Recordo que vaig pensar que les embarassades no devien menjar gaire, perquè ma mare no havia baixat a esmorzar. Ni la bèstia, però tampoc sabia si finalment havia dormit a casa o si havia baixat al bordell i havia arribat just per prendre cafè en comptes d'aiguardent. I es respirava farigola i se sentien grills i hi havia molts cargols que anava trepitjant o llençant-los per aquí i per allà entremig de les herbes altes.

Avançava amb els ulls tancats i em llepava els llavis, que el sol assecava immediatament. Passaven d'humits i calents a freds i d'humits i freds a secs. Com els meus pensaments, que també oscil·laven entre dos extrems, entre la vida i la mort, perquè només pensava que al cap de poc temps tindria un germà i que encara en menys temps mataria un conill i a la cassola.

I sense adonar-me'n vaig arribar a l'entrada del camí que duia cap a la Roca Negra. Estava tot enfangat. Feia dos dies havia plogut molt i era un camí tan estret i tan bressolat per arbres tan atapeïts que entre les fulles només passaven pocs rajos i l'aigua trigava molt a esvanir-se. Hi havia més cargols que mai i papallones i silenci. Jo no em volia mullar els esclops i per això avançava pels marges del camí quan em trobava bassals, i quan no n'hi havia avançava pel mig. L'únic so que se sentia era el del boquer, que des que havia sortit de casa arrossegava per embrutir-lo. Perquè els conills ensumen les cordes i el que han d'ensumar és l'olor de terra. I era més divertit evitar els bassals caminant pel marge esquerre perquè hi havia un pendent ple de pinassa i pins i serps de tota mena i hi podia caure. I així caminava jugant i fins i tot avançava a peu coix i de gairell i quasi vaig caure però al final no. Perquè encara tenia vint-i-un anys i tenia energia i reflexos i felicitat, perquè aviat no estaria sola, perquè aviat tindria un germà. I em vaig preguntar com sabia la bèstia que era un nen i no una nena. Si a vegades ell era incapaç de pronunciar el meu nom, em preguntava com sabia que era un mascle, el que la mare duia al ventre. I això que jo em deia com la mare, com la dona a qui va matar quan es va casar i a qui va pegar i destruir durant tants anys tal com va fer amb les terres per les quals jo caminava ara i que havia buidat d'homes que les treballessin per estalviar-se unes peles que després es gastaria amb putes.

Però aviat vaig deixar de pensar en tot això perquè el dia era molt bonic i l'aire poc calent i l'olor de la terra humida era la meva preferida. Jo coneixia aquelles terres millor que el meu avi i que l'avi del meu pare i no em va ser gens complicat trobar el cau de conills que havia descobert l'última vegada. Es trobava a unes cinquanta passes caminant per la sendera secreta i ningú l'havia tapat ni res havia canviat. Vaig estendre el filat i em vaig posar a esperar. Ben amagada i sense moure'm perquè els conills són molt ràpids i molt llestos o almenys sempre m'ho ha semblat, perquè costen molt de caçar.

I encara no havia passat prou temps quan em vaig adonar que tenia set i no duia aigua. Vaig voler esperar-me una estona abans d'anar a buscar-ne, però després vaig recordar que existeixen coses com la set, com la mort, com l'amor, de les quals no es pot fugir, i que tard o d'hora hi hauria d'anar. O potser no ho vaig recordar i era la primera vegada que ho pensava. A poques passes hi havia la font de les Noies. De petita la mare m'hi portava quan anava a collir fulles de falgueres tendres, perquè li agradava dur-ne a la boca. Llavors jo n'arrencava les espores i amb aigua feia una pasta groga que després enterrava. La font era molt petita, amb una pedreta ja n'hi havia prou per obturar-la si l'encaixaves bé al forat d'entre les roques per on sortia l'aigua. A vegades feia pudor de femta perquè els animals hi baixaven a beure; sempre hi havia bassals i molta humitat, i ells la senten d'una hora lluny quan els ataca la impaciència de la gola seca. I quan hi vaig arribar no em vaig fixar en les passes d'home que després vaig reconèixer clarament quan marxava.

Tot feia l'olor de sempre. Aquella olor d'ombra molla en aquell espai arrodonit i acompanyat d'arbres llargs i prims d'escorça clara tacada de fosca i fulles massa verdes. Era aquella olor de mort estancada que fan els llocs amb massa aigua i massa vida. Hi havia diferents tonalitats de llum que es movien, perquè hi arribava una miqueta de vent entre les fulles per on passaven els rajos. Jo ja salivava perquè notava la set més que abans i hauria begut de qualsevol banda si no hagués estat perquè la vaig veure. Estava quasi despullada enmig de l'aigua podrida com ella, i els cabells que li quedaven dins del bassal es movien, perquè en acostar-m'hi una granota havia saltat de l'aigua i l'havia remogut tota però la resta del cos no. Una mà lletosa li havia quedat enfonsada i amb els dits entortolligats en les arrels feréstegues, i a vegades la podia veure i a vegades no, perquè hi havia pols de terra dins l'aigua. Aquell glop de mort era la mare.

La meva mare morta, enfonsada amb aquella taca verda a la panxa que no hauria estat capaç de comparar amb cap altre tipus de verd. Amb un mugró a l'aire i la boca molt oberta, i els ulls també oberts que miraven amunt i buscaven el cel o la redempció, serena, com si en l'última bavarada de vida amb la cara de la bèstia davant i les mans seques i peludes sobre el seu coll fi ho hagués estat esperant i desitjant. Vaig agafar el capell negre de llana que surava a l'aigua i me'l vaig posar com si fos un guant i vaig començar a tocar-la sense tocar-la amb la pell. No es movia. Jo no podia ni arrossegar-la ni replegar-li els braços, perquè estava tota rígida i els ocells cantaven i jo no podia sentir dolor perquè tot era massa bell. Era com una nena amb els cabells brillants dins l'aigua que per fi podia reposar. Que després de tants anys d'amagar-se al rebost empenyent la porta amb les cames perquè la bèstia no l'obrís i hi entrés i li destrossés la cara i després de tant de temps resistint mentre la bèstia l'agafava pels cabells i li premia la cara contra la taula, ara descansava, estrangulada i molla. I tota ella era aigua i terra i més vivesa que mai i jo era una noia en una contemplació indefinible.

Però no vaig pensar res. Vaig esforçar-me per no pensar res. Només vaig actuar sense pensar, com quan fuges però no saps cap a on, perquè si t'ho planteges tens por de fugir per sempre. I vaig deixar el boquer a prop del forat que hi havia més enllà de la Roca Negra. El vaig oblidar per sempre perquè només una vegada més –no per tornar a buscar-lo, i acompanyada de l'alcalde i d'un home que fins més tard no vaig saber que era capellà– vaig fer altre cop aquell camí que aquell dia em va costar tant de recórrer malgrat que vaig caminar tan ràpid. Ara el vent ja no m'agradava. L'aire tornava a ser calent i sentia una cosa al pit que el contaminava quan m'entrava a dins. Anava trepitjant tots els cargols a propòsit. Ja no m'importava menjar carn, perquè l'única carn que havia estimat estava morta. I vaig decidir que, si ho podia escollir, mai més em permetria estimar ningú, perquè Déu m'havia marcat per sempre i, per més que m'esforcés per esborrar la mort, ja la duia a dins.

Era per això que no sentia pena per en Joan i ni tan sols pensava en qui li havia disparat malgrat que ell repetia a crits: Ha estat ell. Qui és ell? Ha estat ell i Ha estat ell. I L'olor de la mort i Ha estat ell i Tres homes no han estat suficients per matar la bruixa. Vaig sentir que, un cop mort, jo ja no hi feia res, en aquella cambra, i em vaig aixecar de la cadira aguantant el dolor del reumatisme que el meu avi i el seu pare, però el meu no, havien suportat durant tant de temps de trepitjar les terres que el meu avi i el pare d'aquest, però la bèstia no, havien preparat i cuidat i estimat i cobert de bancals i feixes.

Les mateixes terres per on corria aquell dia amb vint-i-un anys fugint de mi i del que acabava de veure sense poder-ne fugir i avançant cap a ell sense esperar-lo. I quan vaig arribar al casal no hi havia ningú. Es podien sentir clarament els remolins de vent que mormolaven soledat barrejats amb terra i més enllà les gallines i el porc i l'absència del pare. I jo estava convençuda que l'havia mort ell, perquè on havia trobat la mare la terra estava remoguda i tot eren petjades de lluita i jo les coneixia prou bé; eren les mateixes que jo netejava quan de nit la bèstia arribava tota bruta i beguda i buscava l'esposa a qui mai havia considerat persona per masegar-la i deixar-la per qualsevol lloc. Però no va ser fins al dia que em va dir que em deixava sola –fins al catorzè dia després de trobar-la morta, perquè fins aleshores vaig esperar que em donés una explicació que no es va dignar mai a donar– que en vaig tenir la certesa.

Em ploraven els ulls de tallar ceba quan vaig notar que em mirava. Jo no el veia, perquè el tenia a l'esquena, però notava que em mirava des del marc de la porta a les fosques perquè li notava la força i l'odi i aquell panteix que no tenia so perquè duia la vergonya per dins. Havíem conviscut onze dies després que ell aparegués al tercer d'haver-la matada i encara no havia tingut el valor de mirar-me. Havia menjat sopa durant onze dies a l'altra banda de la taula on jo també en menjava i l'havia xarrupada amb aquella parsimònia eixordadora, amb aquella insolència eixordadora, que em degollava i que obria cada vegada un silenci més ofensiu. Un altre silenci en què jo esperava una paraula que acabava amb una altra sorollosa cullerada i després un altre silenci en què jo continuava esperant. Així van passar onze dies fins que en el catorzè després de l'assassinat de la mare la paraula es va pronunciar. Seu.

Vaig deixar estar el ganivet i la ceba i em vaig eixugar les mans al davantal. En girar-me, ell estava més gris i més vell que mai. No em feia por. L'havia matada i ara se'n penedia. No era que cregués que havia fet mal fet, sinó que s'adonava que, després d'haver-la matada, una cosa que només era seva havia fugit i ja no tornaria. Li faltava alguna cosa de la mateixa manera que a un li falten els calés després de perdre'ls en una timba. Podia veure-li a la cara que era tot patiment, perquè per primera vegada en molts anys ni l'alcohol li podia omplir aquell buit. No lamentava haver-ho provocat ell, sinó que la mare no hi fos quan ell la necessitava. En realitat d'alguna manera l'havia estimat, com quan algú s'acostuma que un gos el saludi en arribar a casa sense haver de contestar-li res, sense adonar-se que el gos hi és, però el dia que l'animal no torna es comença a preguntar on es deu haver fotut o si li ha passat res. Sí, d'alguna manera l'havia estimat prou per haver-la escollit entre totes les dones de la comarca i haver-hi tingut una criatura i després haver-ne intentat tenir una altra. Almenys havia buscat un hereu no només amb el cos sobre el cos d'ella, sinó també amb l'esperança, com si el fet de tenir un nen, un mascle, fos la culminació del seu designi vital, l'única cosa per la qual pagava la pena que ella romangués al seu costat i que, pel simple fet de desitjar-ho, ell cregués que s'havia de materialitzar, que Déu no seria tan arrogant per deixar-lo a l'estacada també en això. Però Déu feia anys que l'havia abandonat, i per tant també a tots nosaltres. De la mare aquell mes no en va rajar sang, però no va ser perquè tingués una cosa a dintre sinó perquè no hi tenia res de res, perquè el seu home s'havia preocupat de fecundar-la a ella, però no les seves terres, d'on cada vegada sortia menys teca. Havia estat per inanició que la mare aquell mes no havia tingut la sangonada. M'ho va dir un metge una setmana més tard, després d'obrir-la, quan jo li vaig dir que la bèstia no només m'havia matat una mare sinó també un germà. I ell, després de comprovar-ho, em va dir que allà no hi havia res i que potser la manca d'aliments havia confós les coses i induït a pensar que estava embarassada. I llavors vaig pensar que potser la bèstia s'ho devia haver ensumat i per això l'havia matada, perquè havia entès per fi que, si Déu no li oferia l'hereu que sempre havia volgut, ja no necessitava una dona al seu costat per a res. Però tot això aleshores jo encara no ho sabia i esperava l'explicació que ell no es va dignar a donar-me mai, ni tan sols després de manar-me que segués.

I fins que la bèstia de mon pare no va fer el primer pas d'agafar la cadira i posar-hi el cul a sobre, jo no el vaig secundar. Tenia la barba afaitada i les galtes negroses, no sé si de pell morta o de desesperació. Però els seus ulls no em miraven, jugaven amb la navalla que els seus dits premien i deixaven de prémer. He decidit anar-me'n, va dir. I no em veuràs mai més. Però ni aquestes paraules anaven dirigides a mi. Només s'ho deia a si mateix com quan necessites treure una cosa que fa dies que et ronda pel cap, perquè si no ho escups acaba per devorar-te. M'ho va explicar per quedar-se tranquil. I quan va acabar, va clavar la navalla a la taula amb un cop fort i s'hi va recolzar per aixecar-se, perquè amb la quantitat d'alcohol que duia a sobre necessitava un tercer peu per evitar caure. Però jo no el vaig voler ajudar ni acompanyar fins a la porta i així va marxar, sense que jo el toqués per última vegada ni li digués cap paraula de comiat.

Però ja no venia d'un dia o dos o tres. Vull dir que al cadàver de la mare ja no li venia de podrir-se una mica més. Em vaig rentar les mans i em vaig servir un got d'aiguardent. Me'l vaig beure d'un sol glop. I quan encara em cremava la gola, me'n vaig servir un altre i també el vaig engolir d'un sol glop. Les mans encara em pudien a ceba i me les vaig tornar a rentar. Quan ja eren eixutes em vaig posar la millor roba de la mare i em vaig recollir els cabells amb un cordill. Dins d'una bossa vaig ficar les poques monedes que sabia que la mare guardava sota un esglaó i una mica de pa que menjaria per sopar mentre fes via. No tenia gaire temps. Volia arribar a casa dels Capdevila abans que el cel s'apagués. Vaig calçar-me els esclops i vaig tancar la porta amb el cadenat, cosa que no recordava haver fet mai abans, però que en aquell moment vaig sentir que havia de fer per prevenir que la bèstia s'ho repensés i tornés i pretengués engendrar dins meu l'hereu que la mare no havia pogut donar-li. Ho havia de tancar tot bé, perquè li podia permetre, però no perdonar, que fins aleshores hagués convertit la meva vida en un infern i que m'hagués privat de mare i de consol i fins i tot de joventut, condemnada a créixer massa de pressa, però no deixaria mai que a partir d'aleshores em seguís manant. La mare era morta i jo ja no tenia cap necessitat de continuar al seu costat. Això ja llavors ho tenia molt clar, perquè tot i no haver-hi reflexionat mai, ho portava a dintre des de petita, una intuïció com aprendre a caminar. No abandonar-la mai i aguantar-lo només fins al moment que ella fos lliure i no em necessités a mi, la seva petitona, per continuar respirant. Perquè ella havia fet el mateix amb mi. No s'havia tret la vida ni havia abandonat la bèstia pel simple fet que jo existia, i només quan jo fos lliure ella s'esforçaria per sortir d'aquella trampa on l'havia ficat el destí. Aguantaria tot i intuir, amb aquella intuïció que només les dones reconeixem i que, tot i així, decidim no escoltar, que probablement el dia de l'alliberament no arribaria o que, en el cas que ho fes, segurament per a ella ja seria massa tard.

Abans que ell aparegués amb la notícia, jo ja havia alimentat les gallines i el porc i ara no tenia res més a fer. No em feia por abandonar la casa ni començar a ordenar la meva vida. Així que em vaig posar a caminar, no gaire ràpid però de manera decidida, pel camí que travessava els camps que a poc a poc s'anaven enfosquint i enfredant, esperant la nit, i que em duria al poble després de passar per casa dels Capdevila. No m'havia recordat de beure aigua abans de sortir de casa i ara l'aiguardent començava a fer malifetes. La llengua cada vegada em raspava més per l'aspror de la sequedat. I, tot i que tenia gana, no em volia menjar els bocins de pa que duia a la bossa perquè tot se m'hauria convertit en una pasta dins la boca. Avançava cada vegada més de pressa, la set em torturava i el fred em perseguia, i només pensava a beure alguna cosa i no pas a preparar-me tot allò que hauria d'argumentar quan topés amb el senyor Capdevila i li hagués d'exigir el seu fill en matrimoni. Però abans d'arribar a aquell casalot no vaig trobar cap font. Així que el primer que vaig fer quan vaig ser en aquella casa va ser buscar l'estable i calmar la set bevent de l'abeurador dels porcs mentre el gos sarnós no parava d'intentar fer-me fora. El maleït no parava de bordar i, com que en aquells paratges no hi acostumava a passar ni una ànima, aviat va aparèixer el senyor Capdevila per veure què passava i em va trobar allà, agenollada al fang amb el cap enfonsat a l'abeurador. Tenia set, li vaig dir. No cal que ho juris. I aleshores es va treure d'una de les butxaques un drap enganxifós amb olor de greix i me'l va llançar perquè m'eixugués les galtes molles. Em va venir tos i vaig notar com se m'enrogia la cara. Un cop vaig tenir la boca ben seca me'l vaig quedar mirant com si no m'acabés de creure que era el senyor Capdevila qui tenia al davant, perquè no s'assemblava gens a la imatge que tenia d'ell.

Sempre l'havia vist cavalcant i ara, en la fosca, amb el cavall tancat al meu costat, havia perdut un no sé què de vigor que per molt que el cerqués jo no el trobava enlloc. Però tant era. Què hi fas, aquí?, em va preguntar. He vingut perquè tinc una proposta. Aquí no és lloc per fer tractes, doncs. I de la mateixa manera que havia entrat a l'estable, sense que jo li sentís ni una passa, va desaparèixer rere el marc de l'entrada i es va dirigir cap al casal, esperant que el seguís. Vaig ficar el drap greixós dins la bossa i em vaig mirar la faldilla. Estava tota enfangada i bruta com les potes dels porcs, que de tan porucs s'havien arraconat tan lluny de mi com havien pogut. Em vaig alçar. Tot i dempeus, el cavall negre, forçut i desimbolt d'en Capdevila em sobrepassava dos caps. L'animal no m'havia tret l'ull de sobre des que havia entrat a l'estable, i jo ho sabia, no perquè ho hagués vist, perquè la set m'havia encegat, sinó perquè, mentre bevia agenollada amb el cap a l'abeurador, les orelles m'havien quedat a fora i cada dos lladrucs de gos sentia com el cavall esbufegava intentant avisar també el seu amo. Però ara ja no esbufegava. Només se'm va quedar mirant fixament, amb el cap una mica inclinat, com si em pogués llegir quina una en portava de cap i amb el silenci donés el seu consentiment.

Vaig travessar d'un salt la tanca dels porcs sense deixar de mirar l'animal, que encara no m'havia tret els ulls de sobre. Vaig continuar caminant, en silenci, intentant no trepitjar gaire fort ni fer una passa més llarga que l'altra. I quan tot just havia tancat la porta i havia passat la barra de ferro, el cavall va xerricar magistralment, i això em va semblar un bon auguri i em va donar forces per seguir avançant, sense temor, no com la jove de vint-i-un anys que en aparença era, sinó com la dona a qui la bèstia havia castigat i forçat a aprendre a escollir massa d'hora. El crit de l'animal em va recordar que jo era una salvatge. Vaig sentir tota la força que duia a dins per haver arribat fins on havia arribat i, empesa per aquesta bravesa, un cop dins el casal li vaig demanar el seu fill en matrimoni. Com?, em va dir. Això, que si m'hi puc casar. Que si ens podem casar. I ell: Ara no és a casa. I jo: Tant és.

8. ROSA

Va ser molta la casualitat. Qui m'havia de dir que en aquella història que la mare sempre ens havia explicat i que després mon pare en un moment de feblesa havia continuat, jo també hi tindria cabuda. Era un matí d'estiu i els nens eren fora, jugant a la plaça. Jo tenia els cabells molls, regalimant sota la tovallola. Les patates bullien a l'olla i aprofitava l'espera per matar formigues, una darrere l'altra aixafant-les amb els capcirons, i ofegava amb amoníac qualsevol forat que em semblés que podia fer de cau. El meu home no hi era. La casa estava tranquil·la, tan moixa que em feia venir son. La llum que arribava des de la finestra de la cuina escalfava el marbre, tot ratllat i esgrogueït de tanta teca que hi havia tallat. De tant en tant parava de matar formigues i m'asseia al tamboret. Deixava que els pensaments se m'escapessin i volessin sense adonar-me'n fins que em desensopia i tornava a emprendre la tasca. Jo no havia estat mai com ma mare. Com ella sempre havia dit, jo no havia nascut amb presses. Ni tampoc n'havia agafat més tard. Vaig comprendre abans que ningú que la vida era això, anar deixant passar. No he envejat mai ningú que tingués coses a fer, ni desitjos per complir. El meu home va arribar sense que l'esperés i també ho van fer els dolors del part i la nena i després el nen. I així tota la resta. Quan em vaig adonar que m'estava engreixant, també vaig acceptar que la vida em portés per aquests verals i de mica en mica vaig anar estimant altra vegada el meu cos, ben nou i farcit i ple de vida. I quan tenia una estona em posava davant el mirall i nua em contemplava i amb les mans m'agafava la carn i m'imaginava que jo era el meu home desitjant-me. Això m'excitava. Però el que m'agradava més era seure en una cantonada del llit i amb les dues mans magrejar-me les natges i notar la porositat del greix movent-se per dins com si fos viu. Llavors les meves mans deixaven de ser meves i passaven a ser les del meu home, que com un gos m'agafava per darrere i m'obligava a romandre d'esquena, immòbil, fins que ell em marcava amb el seu líquid ben endins, en la foscor de la cova, que era com ell l'anomenava. I mentre la meva ment imaginava que la cosa blanca em regalimava entre les cames, normalment ja havia arribat a l'orgasme i reprenia les tasques de casa, ben descansada i bruta, embriagada com un animal.

Quan aquell matí em vaig adonar que les patates començaven a obrir-se i que les havia bullit massa estona, vaig apagar el foc i vaig passar aigua pel marbre per netejar les restes d'amoníac, abans d'aixafar-hi les patates i la col per preparar el trinxat. Els nens continuaven jugant a la plaça i jo encara tenia una estona per a mi sola abans d'haver de fregir la cansalada. Així que vaig dirigir-me cap al dormitori i em vaig posar de genolls davant del llit i vaig començar a tocar-me. Però quan estava a punt, just a punt de notar com l'orgasme que m'havia anat retardant m'enverinava l'esperit, algú va trucar a la porta. Era clar que no eren els nens, perquè els cops eren de punys closos i ferms, com d'home, ni tampoc algú proper, perquè si hagués estat algú conegut, ja haurien obert la porta. Llavors em vaig alçar i em vaig posar les calces. De seguida!, vaig cridar mentre em treia la tovallola del cap, la tirava a terra i amb els dits intentava esponjar-me aquells cabells enganxats i mal eixugats. De seguida!, vaig repetir mentre recollia la tovallola de terra i la deixava estesa sobre una cadira. Qui és? Però no va respondre ningú. Només hi havia una ombra amagada sota uns cops. Pregunto que qui és. Obri'm, va dir una veu aspra i vella. Però quan vaig obrir, aquesta vegada la Planadevall no duia els cabells plens de palla. I m'hi vaig fixar, perquè aquest sempre havia estat un detall que ma mare havia remarcat molt. Plens de palla, filla, perquè va fer nit a l'estable. Sí, ja ho veus, com ho sents, a l'estable, al nostre estable. Però aquell matí d'estiu que va venir a buscar-me els duia recollits i polits, d'un blanc que grisejava. Què vol? Ha estat ell. Qui és ell? Ha estat ell, l'ha matat ell, repetia sense parar. I llavors la vaig fer entrar i la vaig fer seure en una cadira.

Per això vaig pensar que havia estat molta la casualitat. No només perquè a partir d'ara podria dir que jo també tenia cabuda en aquella història, sinó perquè la primera vegada que havia aparegut a casa nostra havia estat després que li haguessin matat la mare i ara havia aparegut després que li haguessin assassinat el fill. No devia arribar als seixanta, però semblava que en tingués més de setanta, com si tot el patiment que les seves galtes xuclades em mostraven la cridés des del més enllà i ella no s'hi resistís. Els ulls se li havien començat a enfonsar, la carcanada se li entreveia sota les carns i de la boca li emanava una pudor nauseabunda que vaig intentar apaivagar oferint-li un bon glop de cafè, però ni així. No vol pas llet? Miri que és bona, bona. Pa, dongui'm pa. Però quan em vaig alçar per anar a trencar-li una llesca, em vaig adonar que abans d'obrir la porta m'havia oblidat de rentar-me les mans i que els dits encara em feien ferum de cony.

Li quedaven poques dents. Amb la saliva anava estovant el pa i amb la llengua en garapinyava trossets que se'n desprenien molls i que no mossegava i s'empassava d'un sol cop. Quan ho va haver engolit tot, hi va tornar: Ha estat ell. Qui és ell, senyora? De qui parla? La bèstia. L'ha matat la bèstia. I llavors, de sobte, les paraules de la vella van deixar de sortir dels seus llavis i es van posar a sortir de la boca de la meva mare, que en pau descansi, primer tremoloses, arrugades com un record clausurat, i després més clarividents; paraules que cada any, quan celebràvem el meu aniversari, explicaven la mateixa història. I pensar, filla, tan grossa que t'has fet i tan petita que vas néixer. Setmesona. Ves, qui m'ho havia de dir que aquell dia naixeries, tan petita, Déu meu, tan petita. Però llavors se m'apareix aquella boja, sí, perquè era ben boja, que ves per on fins i tot aquella nit havia dormit a l'estable, sí, al nostre estable, amb aquells cabells plens de palla i recollits de qualsevol manera. Que et dic que semblava que més que a l'estable havia dormit al galliner, perquè duia esgarrapats tots els braços. Per qui? Ves a saber, potser tota la vida havia dormit als estables, entre les bèsties, tots aquells anys de vida que portava a sobre tancada en aquell casalot ben amunt de les muntanyes, sense baixar gaire pel poble, com un llop desganat d'amor i compassió i no res, filla, que a dins no hi tenia res. Que aquells ulls eren de buidor. I que em diu: Ha estat ell, i jo: Qui és ell? I que semblava histèrica, però per dins no ho estava, simplement era que no sabia parlar ni sabia comportar-se i llavors les paraules li sortien d'aquella manera que semblava que estigués exaltada, però en realitat no, perquè quan li vaig dir que jo l'ajudaria –bé, que ton pare l'ajudaria– va demanar-me alguna cosa per esmorzar i es va posar tan tranquil·la a mastegar i a mirar per la finestra, com si res. I que estava bruta, filla, Déu sap que estava ben bruta, que l'olor que feia em va costar Déu i ajuda de foragitar. Que potser vaig trigar una setmana a treure'm aquella ferum de sobre i no només de la memòria sinó de les cadires i de la cuina i de tots els racons per on havia passat. A l'estable ja no vaig voler entrar-hi més. Almenys fins que vas deixar de mamar, ja li ho vaig dir a ton pare, que encara t'encomanaria la malastrugança. Que quan em va dir que la seva mare feia quinze dies que era morta i que encara no havia estat enterrada, gairebé et mato, filla, del disgust. No vaig poder evitar trencar aigües. Però mira, vas néixer així, de l'ensurt vas sortir de sobte i mira que grassa que estàs ara, jo que em pensava que havent nascut amb només set mesos no sobreviuries. Filla, que no és que et volgués matar, però patia, perquè una mare pateix, sempre pateix. Ens passem la vida patint, patint per més coses de les que succeiran mai. I que la boja no només em va fer parir, no. Que vaig haver de fer que algú avisés ton pare, pobre, que estava caçant, perquè anés a treure el cadàver de la bleda de sa mare, tota oberta que estava i podrida, però això m'ho callo, perquè ton pare no ho vol ni recordar, i llavors esclar que no hi va ser, filla, no et va poder veure en el moment de sortir perquè estava arrossegant la morta i això que vas néixer amb els ulls oberts, t'ho juro, filla, que vas néixer així, petita com una baldufa, però amb els ulls que t'ho volies menjar tot i mira ara, filla, que grassa que estàs. Menja, menja que aquest pastís l'he fet per a tu, filla, perquè t'agrada, perquè has de menjar.

I jo, embafada amb la boca plena de pa de pessic, cada vegada escoltava aquella història que sortia dels llavis de la mare com si fossin les gestes d'un avantpassat, d'un mort, i les poques vegades que veia la Planadevall –perquè això sí, tot i els seus esforços per casar-se, aconseguir un marit i restaurar el casal, no va aconseguir mai treure's del damunt el cognom de la bèstia– per la plaça amb el farcell a vessar de coses intentant malvendre-les per quatre rals, em semblava com si no fos un ésser viu, només un fantasma, una rondalla, una història que no era només seva, sinó que ja era un territori comú, alguna cosa que feia que tots els qui vivíem al poble i la coneixíem forméssim part d'una mateixa estirp, que per molt petita que fos ens donava orgull, esperit, comunitat. I després hi havia el pare, que mentre la mare es divertia explicant la història –sí, tots vèiem que s'ho passava bé, perquè explicava les desgràcies dels altres amb aquella impetuositat dels capellans per la qual, encara que ja saps què diran, perquè te'ls has escoltat mil vegades abans, no pots deixar d'escoltar-los– semblava que no hi fos, que no hi volgués ser, i s'encenia un cigarret i esperava que tothom, els tiets, les tietes, els cosins, acabessin de gaudir de l'adversitat i comencessin a fer veure que se'n compadien per llançar un Ja n'hi ha prou, dona, ja n'hi ha prou d'explicar penes el dia que celebrem l'aniversari de la nena. Perquè la meva mare no havia vist el cos de la morta i per això en podia parlar d'aquella manera, perquè tota la morbositat que hi podia posar amb paraules venia de dins seu i no d'haver-la presenciat. Però el meu pare sí que l'havia vist i per això la feia callar. Ell duia el record de la barbàrie a dins i no se'l podia treure de sobre. Per això, quan ja feia dos anys que la mare era morta i al pare li quedava poc, un d'aquells dies que jo li rentava els ossos i la poca carn que li quedava dins la banyera, va treure la mà de sota l'aigua i va agafar-me el braç perquè deixés d'ensabonar-lo i l'escoltés sense fer altra cosa. T'he de demanar una cosa, filla. Vaig pensar que em confessaria alguna cosa i que després aclucaria els ulls i se n'aniria a l'altre barri, però no va ser res d'això, perquè va ser com una súplica o un recordatori i encara li van quedar uns quants dies de vida abans de fotre definitivament el camp. Enterra'm, sobretot no t'oblidis d'enterrar-me. Però què dieu, pare? Esclar que ho faré. I llavors va ser quan m'ho va explicar –o potser no m'ho va explicar i simplement s'ho va treure de sobre–, en aquell moment de feblesa en què la por o el record de la por ja s'havia fet massa gran. Una por terrorífica per la qual no n'hi havia prou amb demanar-me que l'enterrés, sinó que me n'havia de donar arguments, assegurar-se que jo entenia per què no podia descuidar-me'n. I m'ho va explicar lentament, tan lentament que, quan va haver acabat de parlar, ens vam adonar que l'aigua de la banyera estava congelada.

Aquell dia feia boira, va dir. Molta boira. La notava xopa sobre les herbes que li amaraven la roba. A la punta del fusell humit s'hi acumulaven gotes grosses. Estava estirat a terra, amagat rere uns arbusts, amb les cames llestes per arrencar a córrer quan algun dels gossos capturés una presa. El pare era un bon caçador. Es llançava contra els animals amb el cos i no disparava mai a distància, ni s'omplia l'esquena de preses que no s'hagués de menjar. Tenia una mica de son i de tant en tant els ulls se li tancaven. El perfum del ferro moll i els sorolls del bosc despertant-se l'embriagaven. Però no va trigar gaire a desvetllar-se quan va distingir unes passes discordants d'home i algú que cridava el seu nom. Enric! On ets? Enric, que la teva dona ha trencat aigües! Però abans que hagués tingut temps d'emocionar-se ja li havien comunicat l'altra notícia, la de la morta, i que l'hauria de resoldre abans de venir a veure'm sortir. No és que no volgués veure't néixer, nena. Quin pare no hauria preferit mil vegades anar a veure com naixia la seva filla? O el seu fill, perquè llavors jo hauria preferit que sortissis nen. No nena, nen. Però en tots els meus anys d'alcalde mai ningú havia matat a ningú. No sabia si tindria temps de salvar alguna cosa i tu no corries perill, nena.

Ho hauria preferit, de debò que sí, però les coses a la vida no van mai com volem. Les coses sempre van pitjor.

I em va explicar que, quan va arribar a casa després de no haver pogut caçar ni una bestiola, la Planadevall l'esperava repenjada al test gros que tenim a l'entrada, amb l'arbret mort que encara ara ningú ha arrencat. Estava sola i tenia el cap ple d'embolics i merda i trossos de palla. Els crits de la mare s'escapaven pels finestrons del darrere i ella semblava no immutar-se perquè algú estigués parint al seu costat. Però només ho semblava, perquè quan el pare se li va acostar ella li va dir: Potser el nen que la meva mare porta a dins encara està viu. Estava embarassada? Com la seva dona. Segur que està morta? Ben morta. I llavors el pare la va agafar per les espatlles i la va enfilar al carro, asseguda entre el fusell i les eines i els gossos, i no va parar fins que van arribar a l'església i va agafar el capellà –que llavors acabava d'arribar al poble– pel coll i li va dir: O ve amb mi i m'ajuda amb aquesta història o ja pot oblidar-se que jo l'ajudi a tenir clientela. I que el capellà, com que encara era jove, no hi va oposar resistència i es va asseure al darrere amb la Planadevall i el fusell i les eines i els gossos, i tots tres van fer via cap al casal d'ella a buscar la morta. El pare encara no s'ho acabava de creure i per això donava cops cada vegada més forts amb les xurriaques a les mules. Volia córrer per si encara hi havia alguna cosa per salvar. Però quan quedaven pocs metres per arribar-hi, es va adonar que de res servia pegar als animals perquè la mort era inevitable. Els camps estaven secs i bruts. La teulada s'havia començat a enfonsar en alguns punts i el camí era ple de pedres i sots que feien patir les mules. I quan la Planadevall els va dir per on havien de girar, ràpidament van veure que el carro no hi cabria i que haurien de carregar la morta en braços. Era un camí estret que vorejava un pendent molt pronunciat, i hi havia força bassals perquè el sol, per culpa dels arbres, no hi podia entrar per esborrar la boira. N'hi havia molta. Com si encara fossin al matí. Per això caminaven juntets, tots tres, per no perdre's l'un de l'altre. El pare em va dir que van caminar molt. Tant que van començar a sospitar que ella s'havia equivocat de camí, però l'olfacte els va fer rectificar. Primer l'olor era com d'ou podrit, només una mica molesta, però després dolorosa. Era una olor que el pare no podia comparar amb res, perquè no l'havia sentida mai. Acostumem a amagar l'olor de la mort abans que aparegui. I després la vista no només els va acabar de confirmar l'equivocació, sinó que els va fer venir arcades. A tots menys a ella. Em va dir que la morta era com un garbuix de pols negra voleiant, tota devorada per les mosques, i que feia dies que hi havien començat a néixer els cucs. Que l'havien deixada dins d'un bassal i que per sobre l'aigua hi havia flotant insectes també morts. Que com que estava rígida no la podien plegar i que per treure-la els homes la van agafar cadascun d'un braç i la filla li va agafar les cames per no arrossegar-la. Era com la processó de la maldat, nena. Déu li havia deixat forma de creu, com si l'haguessin crucificat, com si estigués purgant no només els pecats de qui l'havia matat, sinó els de tots nosaltres. Amb la cara desfigurada i la filla vinga a repetir-nos que per fi descansava serena. Però la que estava serena era ella. Ens va estar mirant tot el camí, sense abaixar la guàrdia, i nosaltres tensos intentant no vomitar sobre el cadàver, intentant resistir com homes, i ella sense queixar-se ni plorar, ni tan sols reprimint la cara de fàstic perquè de fàstic no en tenia, repetint que sa mare ara descansava serena, serena i molla. Però et juro que allò de serè no en tenia res. Ja no era una dona. Tampoc una dona morta. Només era carn. Un tros de carn devorat pels cucs, grassos, que anàvem deixant pel camí com si fos un rastre, i les mosques que no aconseguíem espantar. I aquella pudor, nena, aquella pudor que... Si fins i tot els gossos van deixar de bordar després que llancéssim al carro la morta, que havíem ficat dins d'un sac que la filla havia trobat tirat per terra. I no només van callar sinó que es van arraulir en un racó. Que s'haurien escapat corrents si no haguessin estat lligats. Per això m'has d'enterrar. És l'única cosa que t'he demanat mai. Entens ara per què m'has d'enterrar?

El pare no hauria d'haver dubtat ni un segon que jo mai el deixaria podrir-se d'aquella manera. Tanmateix, perquè es pogués morir tranquil, l'endemà vam anar a buscar un taüt i vaig deixar que ell l'escollís. Va triar la peça de fusta amb més taques, com la seva pell, que ja s'havia tornat vella. En pocs mesos s'havia anat desfent, desinflant. No li quedaven gaires dies més de vida i els dos ho sabíem. A poc a poc se li anirien morint totes les parts del cos i després la seva olor dintre meu i algun dia jo em sorprendria pensant que feia temps que no el recordava. I després, de mica en mica, m'aniria desprenent de les seves coses. El fusell acabaria a les mans del meu home i els llibres els tancaria en un armari per a quan els nanos anessin a l'escola. El despatx acabaria tancat i barrat de tal manera que deixés de formar part de la casa. El mateix despatx que aquell dia, mentre a mi em costava concentrar-me perquè les mans em feien massa olor de cony, la Planadevall em demanava que obrís. I jo li deia que es tragués la idea del cap, que aquelles notes que deia que el meu pare havia pres sobre el seu pare no les trobaríem, perquè hi havia massa coses allà dins i feia anys que ningú les havia endreçat. Però ella no parava d'insistir-hi. Deia que malgrat que no sabia llegir, les reconeixeria només de veure-les, que no caldria que jo l'ajudés. Que Déu aquesta vegada faria les coses bé i l'ajudaria a acabar-ho tot d'una vegada per totes. Com si la màgia existís.

Llavors vaig comprendre que es tractava d'una partida d'escacs. Una partida amb massa mats sense escac i possiblement amb massa peons, on una reina enrabiada desitjava enderrocar un rei que el destí somort ja havia perdonat i probablement enviat cap al purgatori Jo estava convençuda que la bèstia que ella pensava que havia tornat per matar el seu fill no només devia estar sepultada on hagués estat que hagués caigut morta, sinó també trepitjada per altres tombes. Però ella s'havia passat la vida esperant-lo i ara el sentia més a prop que mai. Creia que havia arribat el dia de passar comptes. Per això em demanava les notes que creia que el meu pare havia pres seguint la pista de la desaparició de la bèstia després d'haver-li matat la mare, com si d'aquesta manera pogués fer una bona jugada que li permetés avançar unes quantes caselles per demanar-li victoriosament una explicació. Però no era gaire difícil adonar-se que no el trobaria mai. Per aquest motiu va ser la compassió i no la curiositat el que va fer que jo, després de netejar-me per fi les mans en una palangana, rebusqués dins dels calaixos de l'armari fins a trobar la clau del despatx i amb ella l'obrís i deixés la Planadevall allà dins posant-t'ho tot de cap per avall mentre jo acabava de preparar el dinar, cercant unes notes que sabia que encara que les trobés –si és que havien existit mai– de res no l'ajudarien. Em compadia d'ella per haver-se passat la vida esperant i no haver entès a temps que la vida era això, anar deixant passar. I quan va sortir del despatx amb aquelles notes de comptabilitat entre les mans polsoses, pensant que tenien res a veure amb el que havia estat buscant i cridant com si hagués trobat or en una mina, també la vaig deixar fer i sobretot anar-se'n, no fos cas que em donés per posar-me a resar pels de casa seva i acabés fent-ho per tots nosaltres.

9. ESTEVE

El capellà no em volia. La mare havia mort i el capellà no em volia. Només podia anar a buscar el nen, perquè havia sigut l'única persona que m'havia demanat perdó després d'apallissar-me. M'havia dit que la seva mare li havia cremat el braç amb una espelma. Que aquelles cremades i la mort d'en Joan i la meva pudor l'havien posat violent i que no volia ser d'aquesta manera. Eren les cremades, deia. Me les havia ensenyat i tot. Tenia dues butllofes. I les hi havia fet la seva mare. I les mares no peguen, oi? Són els pares. La meva mare deia que jo tenia molts pares. Que tots aquells homes eren els meus pares. Però li pegaven. Ella cridava. A vegades cridava poca estona, perquè ells li pegaven poc o perquè mentre li pegaven callava o perquè trigaven poc a descarregar-se sobre el seu cos i sortien de la seva habitació per emborratxar-se i llavors se'n reien mentre ella els servia i els insultava. Però no només tenia pares. També tenia germanes. Tenia moltes germanes. Germanes a les quals els meus pares pegaven. Tots els pares els pegaven. I quan es va morir la mare, totes aquelles dones, que la mare em deia que eren com les meves germanes perquè havien viscut sempre amb nosaltres, li van robar tot el que tenia a l'habitació i tot el que van poder endur-se de casa i no les vaig veure mai més. I em vaig quedar sol i no m'agradava, oi? Llavors vaig anar a buscar el meu amic. Era un amic de debò, perquè només m'havia apallissat una vegada. I m'havia demanat perdó. I ja no ho havia fet més. Jo coneixia el camí, perquè quan es va morir en Joan hi vam pujar per enterrar-lo. Llavors jo mai havia vist un mort. I el nen tampoc i per això es veu que aquella nit havia volgut mirar-lo i havia entrat a l'habitació i la seva mare l'havia enxampat. Però què hi fas aquí? Vols saber què és la mort? Vols saber-ho? I llavors li havia agafat el braç i havia deixat que la cera calenta li caigués sobre la pell i l'havia obligat a aguantar la cremada mentre li deia: No res. Això és la mort. Ho entens? No cal que ploris, perquè quan mors ja no sents res. És quan ets viu que les coses et cremen. I les mares no ho fan això, oi? Són els pares. La mare canviava sovint de cara, perquè els pares la hi destrossaven. I jo li deia: No et fa mal, mare? No et fa mal? A mi em feia mal quan els del poble em pegaven. Però ella deia que només havia patit de debò la primera vegada que va sentir com se li esquinçava el nas. Que passava per davant del mirall i no podia evitar mirar-se la cara, que li havia canviat, i aquell nas tort, i llavors sentia dolor, molt de dolor, però no al nas, sinó al cor. La primera pallissa la hi havia clavat un pare que, per castigar-la, com que ella no havia volgut deixar-lo entrar dins del seu cos perquè no portava calés, li havia romput el nas estampant-li la cara amb ferotgia contra la fusta del llit. I, tot i que li havia fet molt mal, s'havia hagut d'esperar que ell acabés, perquè s'havia fet la forta. Però la vergonya d'haver-ho permès només l'havia sentit la primera vegada que li van deixar el nas fet miques. Després s'hi havia acostumat i ho havia acceptat, com totes les coses de la vida, deia. Et creus que les altres viuen vides millors? I al final havia après a col·locar-se'l de pressa, quan encara estava calent i bategava. Per això roncava, deia. Que abans no havia roncat mai. Però jo només l'havia conegut amb el nas trencat, oi? I no et fa mal, mare? Per què deixes que et peguin? Però deia que preferia aquesta vida que haver de dependre d'un sol home, com feien les altres. Però a mi em semblava que ella depenia de tothom. De tothom qui vingués amb calés a la butxaca. No et fan por, mare? No t'estimen, mare. Hi ha gent que amb una mica d'amor en té per a tota la vida. Però en Jaume a vegades també li pegava. No et fa por, mare? Ell és el millor home que he conegut. Llavors, per què et pega, mare? Per què no et treu d'aquí, mare?

10. MARIETA

Al principi encara netejava les restes de puré que li quedaven enganxades a la mare a la cara després de cada cullerada i les taques que li regalimaven pel pitet que li nuava cada vegada al coll, però aviat vaig deixar-ho per al final perquè em vaig adonar que tant se li'n donava. A voltes trigava tanta estona a empassar-s'ho tot que, per tal que no es posés a cridar, havia d'agafar un drap i enaiguar-lo abans de netejar-li la cara. Els bocins de menjar encrostats al voltant dels llavis se li assecaven i, si no els tornava a entendrir, li arrencaven els pèls del bigoti. Això li feia mal. Però almenys a mi ja no em feia angúnia tocar-la. Tampoc tocar les coses que ella havia tocat. Potser era perquè ella ja no feia servir les mans i era jo qui li plegava la roba. Sempre que ella ho havia fet amb la meva, jo l'havia hagut de tornar a rentar. No suportava el greix de la seva pell embrutint els vestits i les calces que m'havia de posar. Encara menys que em fes un petó. Però ara ja no podia fer-me'n perquè amb prou feines podia cridar i moure els ulls i no sé si encara tenia alguna cosa a dins que li permetés pensar alguna cosa. Perquè no vaig saber mai si havia estat una decisió o simplement un decaïment, però un dia la vam trobar asseguda a la cadira del pati i ja no la vam poder treure d'aquell estat. Només obrir els ulls al dematí ja cridava amb aquells gargalls que semblaven no acabar-se mai fins que no li posàvem el cul en aquella cadira. Perquè el que volia no era seure, sinó seure en aquella cadira i en aquell lloc desprotegit i a la intempèrie des d'on podia mirar el camí que et portava al casal. Tornava a escopir aquells esputs famèlics si la fotíem amb els ulls petrificats mirant cap a una altra direcció. Jo li posava un drap gran al cap i les espatlles per tal que el sol no acabés d'encarcarar-la del tot, i quan l'ombra ja la cobria, el desava a la cuina per després al vespre poder-li netejar la cara. Els primers dies el nen estava amoïnat, però després estava massa ocupat intentant fer les feines que ella havia abandonat i que ell no havia après a fer mai, i a poc a poc va deixar d'atabalar-me amb allò que l'havíem de portar al metge. Com sabrem si és morta si li tapes tot el dia la cara?, va preguntar un dia l'Esteve. Perquè el mocador batega cada vegada que agafa aire i en treu, li va respondre el nen. I per la bava, oi?

Ara l'Esteve vivia amb nosaltres. Després que aquella malaltia es carregués l'avi i s'emportés també la Dolors, la seva mare, i quan ja feia un bon temps que els havíem enterrat a tots dos, havia començat a rondar la casa. L'àvia sortia amb una olla plena de pedres i el foragitava tirant-les-hi. Ni quan l'avi era viu havia deixat que l'Esteve jugués amb el nen, que havia d'escapar-se per poder passar estones amb ell. La mare no deia mai res. Jo em mirava l'espectacle i veia com l'Esteve fugia i com l'àvia intentava seguir-lo amb l'esquena vinclada pel pes d'aquell munt de rocs que sempre tenia preparats i com ell s'aturava quan ella ja no podia córrer més. Però tornava a aparèixer i ens robava pebrots i cogombres i tot el que trobava sense gosar acostar-se mai prou per evitar que l'àvia l'arribés a matar.

Jo patia, perquè no volia que l'enxampés cap cop de roc i per això havia començat a deixar-li verdures en un cistell dins d'un forat que hi havia prop de la Roca Negra. L'àvia sempre deia que per aquella zona no hi volia tornar. I per l'aigua no calia inquietar-se. De la font en sortia a borbollons. Com que els primers dies que hi havia anat me les havia trobat podrides i plenes de mosques, vaig decidir que pel camí cantaria per tal que ell em pogués sentir i em seguís. I quan ja havia començat a pensar que l'Esteve havia marxat o que s'havia mort o que per fi la pena del dol de la seva mare s'havia empetitit prou per seguir caminant i buscar un lloc on començar una nova vida, vaig trobar-me el cistell buit i petjades ben enfonsades a la terra. Però encara no sabia on dormia, i com que a les nits l'àvia tenia el costum de tancar la porta del casal amb forrellat, jo no podia sortir a buscar-lo i el son no em venia perquè tenia tota l'estona la preocupació al cap.

Però aviat l'àvia es va desplomar. Jo només vaig veure el tiet Tomàs corrent i la mare cridant: Treu-me-la, treu-me-la!, amb els braços alçats i la pandereta de cosir en una mà i l'agulla en l'altra i el cos de l'àvia que havia caigut fulminat com un llamp amb el cap mort enganxat a l'entrecuix de la mare i el tiet arrencant-li el cadàver d'entre les cames i després tirant-lo a terra i donant-li cops i esclatant a plorar. Era la primera vegada que veia plorar un home. La mare es va aixecar i el va abraçar i ell la va empènyer i la va fer caure contra el terra. Però què fas, desgraciat?, vaig cridar. I llavors em va mirar i es va girar i em va empènyer a mi també i va començar a arrossegar el cadàver de l'àvia i el va enfilar al carro que teníem ple de panolles i se'l va emportar del casal com si fos a ell a qui li anés la vida. No l'havia vist mai pegar amb tanta força a les mules ni les mules corrent tant com aquell dia.

Deu ser veritat que per fi l'ha dinyat, em va dir la mare, quan ja havien passat un parell de dies i no n'havíem tingut cap notícia. Però, tot just havia dit allò, vaig posar els ulls en l'horitzó i pel camí s'acostava alguna cosa. I dic alguna cosa perquè primer vaig veure una roda tomballant i després una maneta que la guiava i de tant en tant la roda queia a terra i aixecava polseguera i després un altre cop la maneta que la tornava a alçar i la feia rodolar. La mà era del vailet petit del tiet Pere. Què diantre hi fas, tu aquí?, li vaig preguntar. El pare m'ha dit que us la porti. El què? La roda. Allò mig carbonitzat era tot el que quedava d'aquell carro ple de panolles sacrificades que en Tomàs s'havia endut feia dos dies, i una bossa plena de monedes era tot el que en Pere considerava que havia de quedar de l'àvia ara que el seu cos havia estat cremat, com si oferint-nos aquests calés no només pagués la consciència d'haver-nos abandonat sinó que a sobre pretengués tancar la història. Aquell vailet era el meu cosí i tanmateix jo només tenia ganes que fotés el camp. Cremat?, cremat?, cremada?, no parava de repetir la mare al vent com si el cervell li hagués quedat aturat. Però jo anava errada. En Pere no ens havia fet portar aquella bossa plena de quartos per intentar que jo el perdonés per haver-nos deixat, ja que no crec que mai s'hagués arribat a qüestionar el mal que m'havia fet seguint el seu instint i el seu egoisme, deixant-me aquí sola a càrrec d'una gent que només acceptava pel simple fet que m'havien tocat, sinó que era el que ell considerava que costaven les dues mules que s'havia quedat. I d'on diantre vol que aconseguim un bon joc de mules, ara? No ho sé, senyora, jo només faig el que el pare m'ha manat, però crec que ha donat les mules a en Casassas, perquè en Tomàs les hi va fer desaparèixer. Maleïts homes desgraciats!

I sense els rocs de l'àvia i aquelles ganes boges que li naixien d'esquerdar-li el crani, l'Esteve va tornar a deixar-se veure des de les finestres del casal. Primer s'esmunyia com fum cada vegada que jo el cridava pel nom, però després de temptejar el terreny uns quants cops va començar a apropar-se una mica més i aviat ja el teníem endrapant a la cuina. Hauràs de treballar com tots nosaltres, li vaig dir mentre li escudellava l'estofat sobre el plat. S-s-s-s-s-s-í senyora, oi? La mare ja havia començat a deixar de parlar i amb el seu silenci vaig entendre que acceptava que l'Esteve es quedés a viure amb nosaltres. Desconec si no me'n va arribar a dir mai res perquè realment el xicot no la molestava o perquè s'havia trastocat del tot amb la mort de l'àvia o perquè senzillament tenia el cap massa enfeinat escollint en quina maleïda cadira decidiria seure durant el que li quedés de voluntat. El fet és que a mi m'anaven bé unes altres mans i l'Esteve treballava de valent. A més, ara era jo qui manava, perquè l'àvia ja no hi era, en Tomàs no havia tornat i ma mare no sé si havia arribat a decidir mai res en tota la seva vida. Jo ja no havia de demanar permís a ningú per fer i desfer.

I he de reconèixer que al començament sentia una petita il·lusió. Els cuidava a tots i decidia per tots i això em feia sentir bé amb mi mateixa. Ni el nen ni l'Esteve eren els meus fills –encara que ho pregués a Déu, ni per edat ni per sang podien ser-ho ni ho podrien arribar a ser mai–, però jo jugava a ser la seva mare i a renyar-los i afalagar-los i ells semblaven gaudir-ne. La mare feia temps que havia posat el cul en aquella cadira i ja no comptàvem amb la seva presència. Només quan li havíem de netejar la merda quan s'havia cagat o ficar-la al llit o entaforar-li cullerades a la boca d'alguna pasta que jo havia triturat amb les restes del que ens havia sobrat a cada menjada.

Va ser en un d'aquests instants que em vaig adonar que l'odiava des que en tenia memòria. Em va costar descobrir què em passava, perquè quan has odiat durant tants anys una persona i de sobte deixes de fer-ho al principi sembla que et costi respirar. Com si te n'haguessis oblidat. Com si et faltés una part de tu, perquè tot el que has estat sempre s'ha fonamentat en aquella enemistat que com que no has viscut res més no sabies ni que hi era, perquè no la podies comparar amb res. Jo sempre havia viscut d'aquella manera, lamentant-me i pensant-me en relació amb qui m'havia engendrat, i ara començava a pensar que m'havia equivocat, però encara no sabia en què ni com m'ho manegaria per descobrir-ho. L'important era que me n'havia adonat. I durant uns quants dies vaig haver de cavil·lar molt, perquè la mirava i la veia també a ella d'una altra manera i no sabia què era el que havia canviat. Me la trobava allà, postrada en aquella cadira amb la cara tapada i les cames que li sobresortien per sota el vestit plenes de picadures i de bonys com si formessin part de l'empedrat de la casa i ja no em neguitejava mirar-la sinó que fins i tot me'n començava a compadir. Però llavors només m'havia adonat que ja no l'odiava. Encara no coneixia el motiu pel qual l'havia odiat fins llavors. Això va venir després, quan jo encara rumiava sense saber que rumiava i va aparèixer aquell vell repugnant del capellà a dir-me que era el meu pare.

Jo llavors tenia setze anys. Aquell migdia tenia la mare asseguda al banc de la cuina entre dues bales de palla per evitar que caigués de costat. Encara no havia començat a escopir esputs perquè tenia gana i sabia que era l'hora de menjar i jo mai la deixava menjar a la maleïda cadira. No havia escalfat gaire la pasterada, perquè algun cop li havia arribat a cremar la llengua i el paladar i preferia evitar-ho. Entre mos i mos, com que sempre trigava molt a empassar, jo aprofitava per llimar un trosset de fusta que després l'Esteve es posaria a la boca. Ja li havia dit que aquí les culleres les utilitzàvem per cuinar. Que o llepava allò o no llepava res. I quan pensava que ja tenia la peça acabada, la resseguia amb els dits per comprovar que estigués polida del tot i va ser llavors quan em vaig clavar una estella sota l'ungla del dit. La punyetera em feia molt mal. S'havia quedat ben clavada. Només me la podria treure si em tallava el tros d'ungla que l'amagava. Aleshores vaig anar a buscar un ganivet prou esmolat i quan ja havia obert el calaix la mare es va posar a cridar. I dic cridar perquè allò no eren esputs sinó crits com feia molt que no els hi havia sentit, i els ulls, que semblava que fossin quasi morts, els tenia rogents a punt d'escapar-se-li de les conques. Em vaig girar i vaig veure el vell allà dret, esprimatxat sota la sotana enfangada, fent sorolls estranys que amb prou feines vaig poder distingir fins que em va mirar i la cara se li va il·luminar i de la seva veu per fi vaig poder destriar-ne alguna cosa: Marrrrggta. Què? Llavors va entrar a la cuina i va beure aigua de la gerra per estritllar-se la gola i hi va tornar: Marieta. La mare seguia cridant amb aquells ulls esbatanats i no va parar fins que li vaig netejar la cara i li vaig desfer el nus del pitet. Ell ja havia agafat una cadira. Preferiria que no hi fos, em va dir mentre assenyalava la mare. La mare es queda, li vaig contestar. I llavors va començar a parlar.

De primeres jo no entenia res, perquè suposo que a ell li feia vergonya tenir la mare al costat mentre anava desembolicant tota aquella barbàrie que ell sabia que la destrossaria quan la comencés a desenvolupar de veritat i per aquest motiu anava donant voltes sense acabar d'anar mai al gra. Em va parlar d'un cadàver tot ple de mosques i de cucs i després d'una història d'un alcalde que l'havia obligat a pujar aquí dalt quan ell encara era jove i no havia conegut la maldat, i que després de veure tota aquella brutícia ho havia vist clar. El què?, li vaig preguntar. Però canviava de tema i tornava a divagar i aleshores s'excusava dient que el dia que el meu tiet Joan havia aparegut a l'església per demanar-li auxili ell encara ho havia vist més clar. El què? Que havia obrat bé, perquè tota aquella barbàrie algú l'havia d'aturar. Jo no sabia de què em parlava i no tenia temps per malgastar i no entenia res i m'estava començant a emprenyar. No havia d'aguantar les penes i les històries d'un vell que no coneixia de res i que a sobre l'Esteve m'havia explicat que li havia tancat les portes de casa seva després que la seva mare es morís, amb la mateixa facilitat que, quan ho havia volgut, li havia ordenat que li fes qualsevol encàrrec. Tota la vida l'havia tractat com un objecte amb cames que podia fer anar amunt i avall ballant segons el seu arbitri. I a més a més tenia la mare al costat en un estat catatònic que no havia vist mai i tremolant de por o de pena o d'excitació i jo no sabia què fer, així que li vaig demanar que o parlava sincerament d'una vegada i em deixava de fer perdre el temps o ja se'n podia anar a tot estrop. Però, amb aquesta amenaça, no havia acabat l'última frase que ja havia començat a desfogar-se: Soc el teu pare. Què? Vaig mirar la mare i tenia els ulls tancats com si s'hagués acabat de desmaiar. Ell seguia parlant i poc li importava que nosaltres no el volguéssim escoltar. *Jo només he vingut per veure si tot allò que Déu m'havia manat s'ha complert i m'he trobat amb una situació molt pitjor que la que em vaig trobar la primera vegada. Com si tot el que he fet no hagués servit de res. La Marieta viu amb l'estaquirot de l'esguerrat i el tros de quòniam del retardat i tota la casa fa pudor i els camps no tenen cap ordre i tot creix per totes bandes sense cap tipus de manament com si fossin salvatges i la Maria fos un mer animal de companyia, allà lligada entre aquelles dues ba-*

les de palla que no es mou i sembla morta i que encara té tota la cara plena d'aquella pasta que sembla vòmit de cabra perquè la Marieta no li ha netejat bé els morros. S'ha fet vella. Déu li ha arrencat la bellesa. No hi ha salvació. No n'hi ha.

Ell parlava i parlava i jo només volia foragitar-lo, i com més nerviosa em posava, més em repetia una història que per a mi era del tot esbojarrada i que per a ell tenia tot el sentit del món. Deia que quan feia no sé quants anys que l'Esteve li havia dit que la meva mare era la filla de la meva àvia, ell ho havia entès com un senyal. Com si Déu mateix li hagués dit: Agafa-la i prenya-la i castiga aquesta descendència per la dèria d'una dona que va voler refer el seu casal. I que ell s'hi havia resignat, perquè el Senyor no pot ser contrariat. I que tot i que ell ja feia pudor de vell, no tan vell com ara, però sí de vell, havia agafat la mare i li havia posat la llavor, per dir-ho finament, i que d'allà havia sortit jo. I que ell l'havia castigat, a la meva àvia, violant la meva mare, perquè segons ell ella, la meva àvia, no havia plorat mai la meva besàvia després que un home la deixés morta i sense enterrar. *Després que suposadament un home la deixés morta sense enterrar. Perquè jo sé, com tothom sap, que la Planadevall va matar la seva mare. Perquè una persona que s'estima la seva mare no la deixa quinze dies podrint-se a la intempèrie i no es posa a fer el menjar amb aquelles mans brutes de putrefacció de cadàver sense abans haver-se-les rentat. Allò era maldat. No li importava res. Era una fera salvatge que no sabia què era l'amor. Tothom sap que allò era maldat. No és només cosa meva. Jo no estic pas boig. Ella tenia tanta maldat que fins i tot el que jo vaig fer no ha servit de res. Només cal veure com ha acabat la Marieta. Jo no vaig poder aturar el vessament de sang infectada barrejant-la amb la meva sang. La nena té els cabells despentinats i les ungles trencades i ensangonades, perquè sembla no haver-se posat mai ni una sola sabata. I no m'entén i em titlla de boig.* I jo cada vegada estava més histèrica, perquè aquell home deia ser el meu pare i cada vegada em feia més angúnia i sentia la seva sang dins la meva i tenia ganes de matar-lo. Tampoc acabava d'entendre per què havia vingut a explicar-m'ho ara. Per quin motiu després de tants anys havia aparegut justament ara. Però en el fons era fàcil de desxifrar. Havia vingut perquè era un covard. Sabia que estava a punt de morir-se i necessitava ser perdonat. Però no s'ho mereixia. Havia d'acabar a l'infern. Havia de ser torturat. I com que veia que no me'l creia i que no hi havia manera que jo pogués justificar tot el que ell ens havia fet, encara va començar a inventar-se aquella història sacrílega del tiet Tomàs i l'àvia. Deia que havien mantingut una relació. Així ho va dir: una relació. Però qui es creia que era? Llavors vaig agafar el ganivet esmolat que abans havia tret de la calaixera i el vaig amenaçar i li vaig dir que o cardava el camp o el matava. Abans de tenir temps d'insultar-me ja fugia cames ajudeu-me i vaig tancar darrere seu la porta de la casa amb el forrellat i vaig començar a respirar. No m'havia adonat fins aleshores que necessitava tant d'aire. Quan vaig tornar a la cuina, la mare plorava. Tenia la pell vermella i irritada per les llàgrimes i per primera vegada vaig entendre per què havia deixat d'odiar-la. Ja no em feia ràbia el seu patiment. Jo ho havia començat a pair tot des de feia temps sense ser-ne conscient, però ara per fi ho havia comprès. No era una mala mare. No m'havia volgut fer mai mal. Ni tan sols quan m'obligava a escoltar-la quan deia que tant de bo hagués tancat les cames en el moment de concebre'm. Simplement, la meva existència li recordava que aquell somni en el qual s'havia refugiat no era de veritat. Els crits i les bufetades i les humiliacions i les angoixes eren fruit d'aquell home que l'havia ultratjat i estafat i contra qui s'havia protegit no sentint per ell terror o ràbia, sinó devoció. No podia acceptar tanta perversitat per part de l'home per qui hauria donat la vida. La mare s'havia aixoplugat dins d'aquella fantasia i jo només hi apareixia per enderrocar-la. Ell no havia tingut altra opció que allunyar-se'n i ella s'havia passat tota la vida esperant-lo. Fins i tot un cop ja havia perdut el cap i s'havia consagrat a aquella cadira, esperava veure'l arribar pel camí, nimbat com un sant. Però per fi se n'havia anat de veritat. I aquella tarda havíem pogut alliberar-nos-en.

11. PERE

Collons de collons de recollons, però d'on collons heu sortit vosaltres?, no parava de cridar en Casassas mentre amb una mà aguantava la pala que feia servir per arrencar els trossos de carn cremada de la mare que havien quedat enganxats a la fusta carbonitzada i amb l'altra s'eixugava la suor del front. La carn que desenganxàvem d'aquells carros abrusats que ja no podrien tornar a ser usats l'anàvem amuntegant en els cubells que l'Eulàlia ens deixava al costat. A voltes, algun tros d'aquell fotimer de greix ennegrit pel fumall que sortia de dins de la mare relliscava i havíem de fer peripècies amb la pala perquè no acabés tot arrebossat de terra en el moment de repescar-lo. Però d'on pebrots heu sortit vosaltres? Però el que molestava en Casassas no era que en Tomàs hagués utilitzat un dels seus carros per fer una bona foguera i cremar-hi la mare a sobre i que, a més a més, amb la mateixa tranquil·litat de degenerat amb què semblava haver-ho fet, hagués entrat per la porta de darrere de casa seva i li hagués robat el fusell per cardar-nos tots aquells trets, sinó que li hagués comprat el querosè per cremar-la i ell no s'hagués adonat del que tenia intenció de fer. Perquè imagino que l'home havia estat massa ocupat darrere del mostrador vigilant que aquesta vegada en Tomàs no li fes perdre el temps. Massa ocupat calculant com diantre podia apujar el preu del querosè sense que l'altre se n'adonés i restaurar així l'ultratge que portava a dintre feia més d'una dècada, d'ençà que el dia de l'enterrament d'en Joan el pare i en Tomàs l'havien deixat parlant sol i rondinant i humiliant-se a si mateix davant de tot el poble sense haver-los pogut vendre cap caixa. Però ell no coneixia en Tomàs. Vull dir que al depravat del meu germà no hi havia manera de guanyar-lo, perquè no jugava amb la mateixa lògica amb què els altres estem acostumats a jugar. Però això no volia dir que no en tingués, de lògica. Simplement havia heretat la manera de fer de la mare i una mica de senderi per evitar traspassar aquesta manera de pensar a ningú. Però no era només per això, que en Casassas no el podia guanyar. Suposo que entre l'un i l'altre i la sequedat d'aquell dia d'estiu i les mosques que els emprenyaven i que no paraven d'intentar ofegar-se ficant-se en tots els pots llefiscosos mig oberts d'aquella botiga, hi havia molt més que un raonament diferent. Hi havia un abisme i prou. De fet, potser el D'on pebrots heu sortit vosaltres, més que una descarregada que el resguardava de la bogeria i d'acceptar aquella escena com a natural, era una pregunta de debò, perquè ara aquest home s'adonava que, si es posava a pensar en aquell instant, només es recordava d'haver somrigut després d'haver-li venut el querosè i no pas del tacte de les monedes calentes sobre la mà i encara menys de la cara del meu germà plena de follia. Perquè l'orgull encega l'home. Fins i tot l'home que és conscient que en té, perquè sap que no és per l'amor de si mateix que lluita per restaurar el greuge, sinó per prevenir-se del pes de la tradició, del patiment, de les mirades d'aquells que com fanàtics sense saber que ho són caminen per tots els racons mentre espanten i angoixen els qui no s'hi assemblen, però tanmateix posa atenció a no sobresortir del ramat i desitjaria haver nascut amb la voluntat ja dominada. Ni que fos només per estalviar-se l'esforç i la vergonya d'haver de reprimir paraules i pensaments. Perquè ser diferent et fa patir. I encara més si t'has d'esforçar per amagar-ho, perquè Déu t'ha fet néixer en una terra com aquesta i tu el que vols és viure tranquil.

I aquell grapat de velles que aquella tarda feien cua rere el meu germà i els tenien els ulls clavats en el moment de la compravenda remembraven més que mai l'afer de la caixa i clarament representaven el pes de la tradició. I d'això en Casassas no en tenia cap dubte, de la mateixa manera que tampoc dubtava que aquesta vegada en Tomàs no s'escaparia de la teranyina filada amb perspicàcia on es pensava que l'havia atrapat. Que ja havien passat prous anys entre una cosa i l'altra perquè Déu es decidís d'una vegada a tancar aquesta història i perquè no ho fes de qualsevol manera. Però en cap moment l'home va demostrar cap tipus d'agudesa mental. I això que només li hauria calgut fer servir un dels seus dits peluts per descórrer la cortina que li tapava la visió de la finestreta que tenia al costat i girar ràpidament el cap per observar el cadàver de la mare mal anquilosat després que en Tomàs l'hagués llençat de qualsevol manera sobre aquell carro ple de panolles aturat a la solana a la vora de la porta de la botiga. O potser una mica de sort, perquè un simple cop de vent ja hauria valgut per aixecar lleument aquell retall de roba blanca i per haver-la vista, i llavors s'hauria adonat que el meu germà a aquelles hores ja havia perdut la xaveta del tot. Que intentar malvendre i estafar un boig que el que necessitava era un llit i una mica de menjar en un presidi i no pas cap barril de querosè per no acabar-se de trastocar era pitjor per a l'orgull que quedar-se sol llençant insults com un inepte el dia que no va poder vendre'ls la maleïda caixa.

Però no l'he arribat a culpar mai de tota aquella història, ni tan sols a considerar-lo un dels possibles executors, perquè sempre havia estat molt difícil discernir si aquella colla de corromputs que conformaven la meva família estaven bojos o no. Almenys a mi sempre m'ho havia semblat, però a vegades mostraven certa agudesa i amb això la meva ment infantívola ja en tenia prou per aferrar-s'hi i descansar una mica d'haver d'estar sempre a la defensiva. Perquè a voltes era suficient un Bon dia o un Vols una mica de llet? per intentar convèncer-me a mi mateix que allò que la meva ment impúber i adolorida havia experimentat només eren cabòries. Nuvolades i prou. Però llavors una nit algú de casa es va carregar el meu germà Joan foradant-li el ventre amb una bala d'escopeta. I per molt que m'esforcés a creure que podia haver sigut algú de fora, la poca traça de tots ells per amagar-ho i voler-ho tancar tot com més aviat millor sense fer preguntes em va corroborar el fet que ells també s'havien intentat enganyar a si mateixos tota la vida. Que aquella maldat que sempre m'havia esforçat per contenir, per evitar que sortís d'allà, era pitjor del que m'esperava.

Però amb això encara no n'hi va haver prou perquè jo cardés el camp. Encara havia de venir allò del coi de criatura dins la panxa de l'Eulàlia. Ella ja havia provat un parell de vegades d'endur-se'm del casalot i jo sempre ho havia refusat amb un esclafit de rialla prou convincent per contagiar-li el riure i que tots dos acabéssim oblidant l'oferiment i cardant com conills en zel. Llavors ja m'havia convertit en presa fàcil de les seves carns i la seva desimboltura, malgrat que en un principi aquells embats sobtats amb què m'escometia em tenien ben marejat. Perquè a vegades em pensava que aquell tros de dona que només apareixia per molestar-me i preguntar-me on diantre era la meva germana i si alguna vegada algú pensava tornar a deixar que baixés tota sola a la vila, feia a propòsit això de buscar sempre el millor moment per agafar-me desprevingut. N'hi havia prou que un dels torniols de la cigarreta em fes aclucar un ull i que amb el dit intentés furgar-lo uns segons si volia deixar de plorar, perquè ella, quan l'obrís, estigués allà immòbil com una estàtua amb el nom de la meva germana sortint-li dels llavis. Que no en sé re, t'he dit. Maleïda meuca! I llavors ella em clavava la plantofada i m'escopia i al cap d'un temps ja la tornava a tenir al damunt amb l'obsessió del parador de la Maria, perquè segurament començava a endevinar alguna cosa. Però jo ja havia après a anar amb compte. Abans de tombar qualsevol cantonada ja l'olorava, i si hi estava a temps canviava de camí. Ella feia aquella ferum tan notòria de la bagassa que galopa triomfadora, que sap que no hi ha cap altra femella de la seva edat que pugui arreplegar tantes abelles com ella al voltant del seu parrús i tingui prou fortalesa per espantar-les amb una simple ventada. I, tot i així, un dia vaig tenir un descuit. Jo ja havia mirat i remirat totes les cantonades de la plaça, però era dia de mercat i hi havia massa gent i massa animalots i massa espècies i verdures i gent amb les cames plenes de floridura per distingir a temps la seva olor dolça i femenina, però no per això mancada de picantor. N'hi va haver prou amb el so d'unes plomes de gallina arrencant-se tres parades més enllà perquè els meus ulls abaixessin la guàrdia i es dirigissin cap als crits de la bestioleta bequeruda que maldava per evitar el sofriment perquè en girar-me me la trobés allà. Feia temps que m'esquivaves, eh? Onte collons teniu tancada la santa de ta germana? Però aquesta vegada, després del Que em deixis et dic, puta! i la seva plantofada de costum, no va girar cua ni marxar corrents, sinó que qui ho va fer vaig ser jo i aleshores va ser quan va passar allò de la mà. Aquella mà tova i flonja i suada i grassoneta que de sobte va agafar la meva i em va fer parar en sec. La veritat és que jo no m'havia plantejat mai que una mà pogués servir per a alguna altra cosa gaire més fonamental que per tocar la fusta escalfada del mànec d'una eina o per clavar cops de puny a la cara d'algun desgraciat, però aquella mà esponjosa com un bunyol de quaresma ensucrat que de cop i volta em va remoure l'estómac se'm va tornar més necessària a partir d'aleshores que tot el que havia conegut mai. I tot i així, no vaig sentir que l'enamorament i els constants intents d'ella per casar-nos bastessin per abandonar els de casa. Encara sentia que no podia deixar-los de petja. I com més a prop millor, malgrat que fos una intuïció vaga, o si més no una tasca heretada pel simple fet d'haver nascut en aquella família i que pel mateix fet no s'acabava d'acomplir mai, perquè sempre tenien cops amagats. I això que encara no havíem trobat el cos ensangonat d'en Joan agonitzant en aquell munt de terra escampat al costat de l'estable i cridant no sé què d'un parell o tres d'homes que no havien estat suficients per matar una bruixa. Però aquella no era l'única vegada que l'havia vist delirant. Un dia l'havia trobat sortint de la pineda del casal en un estat de paràlisi absoluta mentre li preguntava amb qui s'havia barallat i ell blanc com un esglai que ni semblava adonar-se que s'havia assegut en aquella roca per fotre-li pipades a la cigarreta. I de sobte, amb el mateix braç amb què havia estat fumant, em va apartar i sense acomiadar-se va començar a baixar cap al poble. Va trigar tres anys a tornar. I encara no s'havia acomodat a la petita cambra del rebost on la mare l'havia entaforat per castigar-lo que, com aquell qui diu, ja l'havien enviat a l'altre barri.

No sé qui de tots nosaltres va ser el primer a sentir els crits, però de sobte em vaig veure fora del llit, descalç, corrent amb tots els altres i dirigint-me cap a aquelles esgarrifances que en cap moment vaig pensar que fossin del meu germà fins que algú va dir, Joan?, i vaig ensopegar amb el seu cos malferit i vaig caure al seu costat i li vaig veure el rostre. I encara després em vaig veure no ja corrent sinó alentint la cursa i arrossegant aquell cos que convulsionava com si li cremés la terra de sota el cul fins que li vaig alçar les potes i va semblar que es calmava una mica i llavors el vam posar en aquella màrfega que, de tan espatllada com estava, va acabar de rematar-lo. Però ens ho havia ordenat la mare i a la mare ningú la contrariava. I ens ho havia manat amb la mateixa fredor amb què ens havia obligat a ficar-nos de nou al llit, perquè deia que l'endemà ens esperava un dia de molta feina. Però quina feina voleu que facin, demà?, havia preguntat la Maria. Però nosaltres ja ens havíem ficat al llit, perquè els homes de la casa sabíem que quan es tracta de fer les coses bé sempre és millor que qui prengui les decisions sigui una dona, una com ella o una altra aconsellant d'esquitllentes. Tot havia anat tan de pressa que ni la criatura s'havia despertat i un cop al llit tot em semblava irreal i llavors pensava: Caram, caram... Ves que no ho hagi somniat. Sembla ben bé que només cal que t'obsessionis a evitar alguna cosa, que t'hi passis la vida lluitant amb el cos i l'ànima, perquè després, quan arribi, t'adonis que no podia haver acabat d'una altra manera... Però encara no m'havia decidit a abandonar el casal. Encara necessitava un motiu més greu que l'assassinat del meu germà per poder marxar i abandonar la tasca per la qual creia que Déu m'havia posat en aquella família. Encara no sabia quin senyal m'enviaria, però pressentia que no trigaria a arribar. I llavors es va fer de dia, i quan encara no havia aconseguit descobrir si havia somniat la violència de la nit anterior, perquè tots havíem sortit als camps a treballar després d'esmorzar com si no hagués passat res de res, en Joan la va dinyar i la mare va sortir d'aquella habitació amb una cosa a la cara que semblava una llàgrima i en Tomàs i el pare van decidir baixar al poble a buscar la caixa.

Va ser llavors que es van barallar amb en Casassas o el van insultar o ves a saber si només va ser el paio qui es va sentir denigrat mentre que als altres dos els importava un rave la seva persona. Però el fet és que es veu que no van trobar res que els agradés fins a l'endemà, quan en Joan ja estava tot rígid i no podíem encaixar-li bé les cames ni moure'l per posar-lo de cap altra manera que no fos amb aquella cara d'espant i d'agonia. Al migdia van arribar al casalot amb un carro que no era nostre ple de gent i en va baixar aquell capellà vell amb cara de carronyaire, que jo pensava que havia vingut per veure si encara podia embolicar més la troca, amb aquell tros de galliner que tots volien fer-nos passar per caixa, i jo vinga a riure per suportar la desesperació mentre pensava: Caram, caram... Ves que no hagi d'acabar acceptant l'oferiment de casar-me amb l'Eulàlia i fotre el camp d'aquí abans no trobi el gust a aquesta depravació amb què tots semblen alimentar-se i que l'acabi necessitant com els peixos l'aigua... Però m'havia equivocat, per aquella mania que tenim sempre de malpensar de l'església, ja que de seguida vaig veure que l'home pujava amb ells perquè, com jo, volia vigilar-los de prop. El paio s'havia començat a ensumar que no giraven gaire rodó. I no vaig necessitar que m'ho demostrés amb paraules, perquè, quan la mare va proposar de serrar-li les cames al pobre Joan perquè entrés en aquell coi de caixa i en Tomàs encara no havia començat a serrar, es va posar a vomitar. Però per sort mon germà es trobava en un d'aquells moments en què semblava tenir més senderi que la mare i va dir que aquella proposta era una marranada. Però continuava sense cabre dins la caixa. I llavors el nen va proposar que li trenquéssim els ossos. Que li alcéssim les cames i que amb un martell en Tomàs li piqués els ossos i un cop dins la caixa li doblegués les cames. I per primera vegada en tota la vida en Tomàs li va fer cas al pobre nano i va anar a desar la serra i va tornar amb el martell. El pare, mentrestant, m'havia ajudat a portar en Joan fins al mur del casal, on encara hi havia el capellà traient el dinar. El vam estirar a terra de cara amunt amb els peus alçats, fent servir una pedra que sobresortia de la paret. Tenia els pòmuls esblanqueïts i la boca seca. No parava d'obrir-se per molt que la hi tanquéssim. Per l'amor de Déu, com a mínim tapa-li la cara, em va dir el capellà mentre s'eixugava la boca. Llavors vaig anar a buscar el mocador negre que duia la mare al cap i li vaig tapar la cara a en Joan.

Però abans de començar a picar, en Tomàs li va dir al pare que no mirés, no fos cas que es tornés a posar a plorar, i ell va dir que el seu deure era mirar. I aleshores va començar a picar. El primer cop crec que se li va fer difícil. El segon també. Però a la tercera el seu braç ja anava sol i era com si piqués qualsevol cosa menys una persona. Era un instint massa ferotge, imparable com la força que duu un corrent d'aigua que ho arrasa tot al seu pas, perquè quasi li va acabar desfent tots els ossos del turmell. Va haver d'anar-hi el pare i agafar-li el braç per posar-lo sobre l'altre cama, perquè amb aquella convicció per un moment ens va fer creure a tots que no matxucava ossos, sinó blat o alguna cosa semblant i per això no vam reaccionar a temps. Però allò era una cama. I no una cama qualsevol. Era la cama del nostre germà. Per això no vaig permetre que li desgraciés l'altre turmell i a les dues picades vaig ser jo qui li vaig parar el moviment estirant-li el martell pel mànec. Ell va intentar rapinyar-me'l a mi, i quan ho va aconseguir ja em vaig veure amb el crani foradat. Però el va llançar contra l'arbre de l'entrada, perquè ell també sabia que si no ho feia m'hauria pogut arribar a fer molt de mal. I llavors vaig pensar que potser havia arribat el dia que per fi havia trobat alguna força que contrarestés aquell dimoni que en Tomàs duia a dintre. Que jo ja podia descansar i deixar d'estar-ne pendent, perquè dins d'aquell caparró hi havia algun tipus d'amor, malgrat que li hagués nascut per mera supervivència. Però així com ho vaig pensar massa ràpid, de seguida me'n vaig desdir. Jo encara no havia arribat a cap conclusió que ell ja havia començat a arrossegar per terra la pelleringa d'en Joan estirant-lo pels braços cap al forat on jo i el nen ja havíem col·locat aquell coi de caixa. Ho va fer amb la mateixa inhumanitat i efectivitat amb què hauria apartat del camí un tronc caigut, però almenys va tenir la decència de no estirar-lo pels turmells triturats. Jo només resava perquè pel camí en Joan no perdés cap peu.

Quan va arribar al forat, en Tomàs va obrir les cames, una a cada cantó de la fossa, i va seguir avançant fins que els peus d'en Joan van tocar fondo i aleshores, com si es tractés d'un titella, va començar a sacsejar-lo per les extremitats de dalt fins que va aconseguir doblegar-li les potes. Llavors va deixar caure lentament el cos mort, que va quedar ben encaixat dins del galliner. Tots ens hi vam acostar. El nen va tancar la reixa metàl·lica i el capellà va dir que de res servia, perquè tenia uns forats tan grossos que era com si estigués destapada. Que per anar bé havíem de cobrir-la amb un tros de fusta. Però en Tomàs ja havia començat a tirar terra i la llengota i un dels ulls d'en Joan havien quedat ensorrats. Per l'amor de Déu, home!, va tornar a repetir el capellà. I llavors la Maria li va cridar que, si tant el molestava com fèiem les coses, no entenia per què havia pujat amb el retardat per passar la tarda al casalot. Que estava segura que ningú de casa li ho havia demanat. Escolta, que jo no soc burro, oi? Però la mare ja s'havia acostat a la fossa i amb el peu havia començat a escombrar cap a dins la terra dels munts que havien deixat al voltant en el moment de fer el forat. En Tomàs li va anar al darrere amb la pala i tots van haver de callar, perquè la discussió sobre com se l'havia d'enterrar havia quedat tancada. El pare va tornar a plorar i el nen va intentar apropar-s'hi per consolar-lo, però crec que va entendre a temps que no hi havia res que el pogués reconfortar i va fer una passa enrere.

Jo ja tenia molt clar que no m'havia de deixar emportar per la situació. No tenia cap sentit enterrar-lo dins d'un galliner, com tampoc en tenia haver-li trencat els ossos per entaforar-l'hi. I encara n'havia tingut menys cremar el cadàver de la mare davant de tot el poble al cap de catorze anys. Però ningú va venir a avisar-me que en Tomàs havia baixat del casalot i que corria pel poble armant aquell sidral fins que va ser massa tard i la mare ja estava carbonitzada. S'havia fet fosc. Jo fumava tranquil·lament l'última cigarreta al banc que havia muntat a l'entrada feia un parell de mesos, mentre l'Eulàlia posava a dormir els nens. Aquell era el moment del dia que més m'agradava. Absorbia el fum de la cigarreta lentament i inflava els pulmons amb aquella escalfor punyent i calmosa i després me'ls netejava amb la frescor de l'hivern. Si alguna cosa m'havia ensenyat haver nascut en aquell casalot dalt de les muntanyes i haver-hi passat tants anys era a gaudir de la soledat. Jo no era com la gent del poble, que tot el dia necessitaven guerrejar i fer sarau i sentir-se escoltats. En tenia prou de trobar-me en algun lloc quiet i asserenat. Tenia la sort d'haver-me casat amb un sogre que tenia prou calés per tenir les terres al costat de casa i una bona bota de vi sempre a punt per omplir-me el got, que em bevia a la porta mentre esperava la gresca dels homes que tornaven dels camps. Havia notat la bafarada de la foguera feia una estona, però l'olor no em desagradava i pensava que devia ser un paller que s'havia cremat amb algun llum d'oli. És per això que aquesta nit triguen a arribar, em deia. Mal llamp. Espero que el paller no sigui de cap conegut. Però no deu pas haver sigut gaire cosa. És més aviat socarrim. Sembla que ja el deuen haver apagat. I amb l'assossec del cos fatigat i la cigarreta i el regust aspre d'aquell vi que el sogre m'havia regalat, aprofitava l'incident per reposar més del que habitualment podia abans no arribés tota aquella gentada amb les seves ximpleries. De tant en tant se sentia un cop de porta, o les passes inquietes d'algun vailet que la seva mare o la seva àvia havien enviat per cercar algun dels homes que encara no havien arribat. Jo continuava fumant i gaudint d'aquella estona i d'aquells miols de gats amagats i del fred que em gelava les mans i la cara.

Però no van trigar a arribar. Com una massa pertorbada xisclaven i corrien i no paraven de riure i jo els vaig preguntar de quin desgraciat gosaven mofar-se aquesta vegada. Aleshores van callar tots alhora. Pares, nens, dones, gossada. I amb aquell silenci vaig entendre que aquella xera tenia alguna cosa a veure amb el meu germà. No recordo haver llençat la cigarreta, però el fet és que després d'haver apartat aquella turba fosca i suada de persones que no van atrevir-se a barrar-me el pas, ja no la duia a les mans. Va ser com si respirar aquella fumarada cada vegada més espessa que empudegava la vila sencera m'hagués satisfet el desig de tabac per una bona temporada. Abans d'arribar a l'última casa del poble vaig veure la foguera reflectida als vitralls. Tomàs, què has fet? Però encara no havia tingut temps de veure res més que les llengotes de foc que fugien i engolien amb ferotgia la muntanya de fusta que el paio havia esculpit enmig d'aquella esplanada buida, que ja m'havia començat a disparar. Maleït capsigrany de la mare que et va parir! Llavors em vaig dirigir cap a casa en Casassas i vaig començar a esbotzar la porta. Obre, collons, obre! Ell ja duia la camisa de dormir posada i la Bíblia a les mans. Però què carai vols de mi a aquestes hores? Deixa'm el fusell. Dona-me'l! Però abans que em respongués jo ja havia entrat a la casa a empentes i m'havia topat amb aquella estampa familiar indescriptible. Dues noietes amb uns vestidets blancs de genollons i una mare rossa amb els cabells trenats resant amb elles. La senyora estava tan concentrada que només les nenes van adonar-se que m'havia quedat al marc de la porta contemplant-les. Aquelles dues carones angelicals van girar el cap i em van mirar, però no vaig tenir temps de dir-los res, perquè en Casassas ja m'havia agafat pel clatell i m'arrossegava fins a l'entrada i em deia: Si et creus que pots venir a casa meva i... Collons, que els fusells els guardo a l'estable! Però quan hi vam arribar ja no hi eren. Algú els havia agafat. En Tomàs sempre se les empesca per fer tot de coses desmanegades que al final acaben tenint tot el sentit del món, vaig pensar. Segur que ha estat ell qui els hi ha robat. Però a en Casassas no només li faltaven el parell de fusells. També el carro i les mules. Llavors li vaig dir que estava segur que la culpa era de mon germà i ell es va posar vermell com un pigot i li va començar a néixer aquella fal·lera de destruir en Tomàs amb més violència que la de les flames que jo havia deixat enrere feia uns minuts. I què deu haver cardat amb el querosè? Quin carosè? Però ell ja s'havia tret una clau de la butxaca i es disposava a obrir un dels baguls que hi havia al fons. En va treure dos fusells més. Un per a cadascú. I no sé quin dels dos va ser el primer a arrencar a córrer cap a la foguera, però quan hi vam arribar en Tomàs ja disparava i en Casassas li responia l'atac. Mal llamp! No el matis, que és mon germà! Digues-ho al dimoni quan una de les seves bales t'envïi de pet a l'infern! Però el meu germà no ens volia matar, perquè estava segur i atrinxerat darrere d'aquells carros i d'aquella cosa que hi havia al capdamunt de la pira i que encara no havíem pogut identificar, i nosaltres desprotegits i estirats sobre el fang i les herbes sense cap mur on protegir-nos, i a més a més embolicats amb unes camises blanquinoses que relluïen sota la llum de la lluna. Si ens hagués volgut matar, ja ho hauria fet. Sempre havia tingut bona punteria. Per això, malgrat l'escalfor de la foguera i la suor i la tensió de saber que ara sí que s'havia tornat completament boig, jo descansava perquè per fi pensava: No va ser ell. Tota la vida pensant que ell s'havia carregat en Joan, però per fi Déu m'envia el senyal. No va ser ell. Si fos un assassí, ja ens hauria matat, perquè som un blanc fàcil. No em vol matar. Només vol que no el destorbi per poder completar el seu designi i quan l'hagi assolit es deixarà matar. Però encara no m'havia adonat que el designi era incinerar el cos de la nostra mare. Perquè a voltes les flames deixaven entreveure el que podia ser una silueta o potser algun tros de teixit o uns cabells mig desenganxats d'un crani que de sobte xisclaven a través d'una foguera ràpida i confusa com si es tractés de la cremadissa d'una bola de palla, però els constants trets d'en Casassas i la calor em despistaven i de seguida deixava de rumiar què era allò que hi havia dalt de la pira. I ben bé no sabia què hi feia jo, allà, vigilant un germà a qui ja no podia salvar i encara menys sotmetre, estirat al costat d'un home que l'únic que volia era matar-lo per venjar una collonada. Però aleshores va arribar l'Eulàlia suant i trepitjant-se el vestit i embrutint-se'l amb aquell fang llefre i relliscós que afortunadament no permetia que les flames s'escapessin més enllà d'aquell camp i em va dir que allò que hi havia dalt d'aquella arquitectura tan ben estudiada de trossos de fusta amuntegats era el cadàver de la mare. A l'Eulàlia li faltava l'aire i va haver de parar una estona i respirar fondo per deixar d'esbufegar. I quan ja va veure's amb forces per continuar em va explicar que els del poble, després que ella sortís espitada de casa buscant-me per tot arreu amb cara de mala llet perquè es pensava que jo passava l'estona amb les meuques, que havien tornat a ocupar l'antic bordell de la Dolors, li havien explicat que aquella tarda en Tomàs havia arribat a l'esplanada amb un carro ple de panolles tirat per dues mules i el cos de la mare al damunt i que, després de baixar-lo del carro i deixar-lo estès al terra enfangat sense ni un llençol o una manta, havia lligat les mules a un arbre i se n'havia anat. I que després que hagués fotut el camp, alguns s'hi havien atansat, perquè el cos encara no feia ferum i volien saber què era exactament allò altre que hi havia al costat, i hi havien vist dos barrils de querosè –alguns deien que n'eren tres– però no havien lligat caps ni relacionat una cosa amb l'altra. I que al cap de no gaire estona –ells s'ho miraven tot encuriosits més que preocupats, perquè de debò deien que encara no sospitaven el que vindria– en Tomàs havia tornat amb un altre carro, que no sabien d'on l'havia tret, però que aquesta vegada no anava guiat per cap joc de mules, perquè era ell qui amb la seva força de bèstia l'arrossegava. I on collons has deixat els meus animals, tros de ganàpia?, li va cridar en Casassas a en Tomàs, com si aquest el pogués sentir. Però no va tenir temps de preguntar-li-ho una altra vegada, perquè s'havia adonat que ja no li quedaven bales i m'havia arrencat el fusell de les mans i s'havia tornat a posar a disparar. De tant en tant es veia una silueta negra, esfereïda, rient com boja, que corria entre les flames i només cardava trets per espantar-nos, i llavors l'Eulàlia es posava a cridar i a bramar i jo li deia que marxés, que això no eren coses que una dona com ella hagués de veure. Però com que ella encara no tenia la cara del tot desencaixada, jo encara no havia arribat a comprendre la gravetat de la situació. Perquè jo estava acostumat a tota aquella violència i necessitava alguna cosa molt forta per esgarrifar-me de veritat. I jo pensava com diantre aquell home rodanxó que tenia al costat estirat de bocaterrosa podia haver perdut tantes coses en una sola tarda sense la més lleu sospita. Perquè no em crec que ningú dels de casa seva hagués sentit els cops de martell que en Tomàs devia cardar per rebentar la porta de l'estable ni el rebombori que devia armar per emportar-se tantes coses. Però bé podia ser que aquelles dues caretes angelicals a qui alimentaven tot el sant dia amb aquell coi de paraules celestials fossin incapaces de sospitar que en el món hi havia maldat i s'ho haguessin estat mirant tot des de l'altell com si es tractés d'un entreteniment dels grans i en cap moment haguessin caigut a anar-ho a explicar al pare o a la mare. Però l'Eulàlia seguia parlant i repetint el que li havien explicat com si necessités tenir ocupat el pensament, perquè no s'atrevia a obrir els ulls i veure que allò no era cap broma. I jo pensava que què importava el que li havien explicat, perquè l'important no era el que havia succeït, sinó com podíem arreglar aquella situació sense que el meu germà acabés amb una bala al cap i la nostra família amb una altra mort violenta a l'esquena. I, a més a més, estava convençut que cap dels qui s'havien aplegat a l'esplanada per veure com posava un carro sobre l'altre i els cobria de troncs i com hi estirava al capdamunt el cos de la mare i la ruixava amb querosè hi havia parat gaire atenció de debò. En el que li havien explicat els veïns del poble no hi havíem de confiar gaire, perquè s'havien agrupat al voltant de la pira només per descansar una estona de la fatiga dels camps i s'ho miraven embadalits i ja contaminats del discurs inventat que explicarien a les seves dones i amb el qual s'excusarien per no haver arribat suats a casa, perquè sabien que aquella nit, amb l'escàndol, no rebrien càstigs ni recriminacions. És aquest el motiu pel qual, quan al vespre la panxa ja els havia començat a sonar, havien abandonat a correcuita en Tomàs i els seus designis infernals i tots juntets s'havien dirigit cap a les taules parades que tenien a casa i només havien tornat a aparèixer amb la primera llum del matí per tornar a desentendre's dels camps. Però nosaltres ja no podíem més amb la nostra ànima. Havíem estat tota la nit lluitant contra un enemic que no ho era pas i que semblava haver-se proveït d'una font eterna de combustible amb què no havia parat d'avivar la foguera.

I amb la primera llum del dia no només podia veure clarament les cares de tots els qui no deixaven de contemplar-nos sense moure un dit per ajudar-nos, sinó també que ara l'Eulàlia ja duia la cara desencaixada del tot. I no era només perquè no havia aclucat els ulls ni dos segons en vint-i-quatre hores. Continuava parlant com si s'hagués trastornat, repetint la història que una vegada i una altra li havia explicat tothom amb qui s'havia topat. Semblava que no l'expliqués a ningú més que a si mateixa, perquè així que acabava tornava a començar, com si la memòria volgués protegir-la i la hi esborrés de la ment tan bon punt havia acabat d'explicar l'instant en què en Tomàs havia agafat el misto i després d'encendre'l l'havia llançat sobre el cadàver. Jo no podia deixar de mirar-la, perquè començava a estar molt preocupat. I quan per fi m'havia decidit a dir-li alguna cosa o simplement abraçar-la o fer-li un petó, en Casassas em va cardar un cop i em va fer aixecar el cap, i llavors vaig veure com, quan d'aquell túmul ja no en quedava res més que un cos ennegrit i deshonrat i trossos de fusta recremada i alguna flama jovenívola que encara guerrejava, en Tomàs fotia el camp i ningú li fugia al darrere.

Però no em volia posar a perseguir-lo, perquè sabia que m'havia de quedar al costat de l'Eulàlia. Ella no estava preparada per a això. No es mereixia això. Ella no podia abandonar-me i jo temia que aquesta vegada hagués vist de debò la depravació dels de la meva sang. Perquè una cosa era dir-me que m'entenia i abraçar-me i prometre'm que sempre romandria al meu costat i l'altra era haver d'observar aquella escena per força. Jo pensava que, després que haguéssim enterrat en Joan, quan ella m'havia dit que s'havia quedat prenyada, Déu m'havia imposat la nova tasca d'evitar que d'aquelles entranyes no en nasqués encara més maldat. Que marxava per ser un home i no per fugir d'allà dalt. I com que sabia que el capellà ja sotjava els del casalot i que no calien quatre ulls per estar pendent d'aquella colla de degenerats, jo ja me'n podia anar i casar-me amb l'Eulàlia. I quan el meu primer fill ja havia nascut i encara no havia arribat a l'any, encara pensava que l'havia de vigilar. I llavors em quedava mirant el nano i veia que engolia aquelles cullerades que l'Eulàlia li entaforava a la boca tot escarxofat en aquella trona que li havia construït el sogre i que li anava petita, però almenys així no se'n podia escapar, i pensava: Llepa les coses com la mare. Remulla els trossos de pa com la mare. I vaig estar-hi molts dies capficat, i quan l'Eulàlia li donava el menjar no podia evitar d'anar-hi i quedar-me'l mirant, fins que un dia ella va notar la meva presència a l'altra banda de la finestra i va girar-se i em va mirar i em va dir: Què carai hi fas, aquí, com un estaquirot? I jo li vaig explicar tota la història i ella es va posar a riure i em va dir que com volia que el nano mengés, si no, si encara no li havia sortit cap dent. I llavors em vaig adonar que tenia raó i que potser la criatura no havia heretat la sang dels de la meva família. I van anar passant els dies i els mesos i els anys i jo cada vegada estava més tranquil, sense estar a la defensiva. I m'adonava que cada vegada reia més i que al costat de l'Eulàlia havia començat a agafar el gust per la vida. I que potser, i només potser, jo ja m'havia salvat. Ella m'havia salvat. I ara jo no podia enfonsar-la. No després d'haver-me salvat. Jo no podia trencar tota aquella bondat. I em deia: Si us plau, Déu, para d'enviarme tot allò que soc capaç de suportar.

12. JOAN

Primer va venir el tret i després la mort. O primer el tret i després el patiment que em va portar a la mort. Però sobretot la mort. Els primers dies hi havia confusió. No només perquè semblava que ni els vius sabien qui m'havia assassinat, sinó perquè jo llavors tampoc ho recordava. Era com si el meu no-cos s'oblidés d'allò que havia viscut perquè tenia el cap massa ocupat intentant decidir-se per abandonar la no-mort i entrar a la no-vida. Com que encara tenia orelles quan em van enterrar, vaig poder sentir les gotes de terra caient al meu voltant i ensorrant-me la boca i després algú plorant i més tard el pes de l'oblit que m'empresonava. Llavors es va fer fosc i el meu no-cos va comprendre que cada vegada estaria més mort. Que ja era inevitable. Però potser sempre ho havia estat. Potser no hi havia hagut mai cap treva entre jo i el meu germà i jo era l'únic innocent que pensava que allò algun dia es podria solucionar. No és una bajanada pensar que en Tomàs ja havia decidit fotre'm un tret per l'esquena com si jo fos un maleït animal el dia que l'havia trobat en aquell revolt de la riera forçant la mare. La nostra mare.

Aquell matí feia molta estona que buscava el nen. En Pere i jo havíem collit uns tomàquets molt grossos que feia dies que regàvem i estava segur que ell hi voldria fotre la primera queixalada. Tenien una pell que engatava i ho tacava tot amb el seu perfum. Com que a vegades el nen construïa cabanyes en alguna clariana, després de veure que no era ni a la cuina ni a la seva cambra vaig decidir fer una ullada als encontorns. No el vaig cridar perquè no volia que en Tomàs descobrís que jo no estava fent feina. A més, a ell no li agradava gaire que parléssim amb el menut, encara que fos el nostre germà petit. Sempre vaig pensar que no el considerava un home complet perquè la mare mai l'havia fet pencar. Però realment el nen havia sortit estrany i afluixat i semblava que no tenia gaire força per a les coses dels grans. Un dels braços no li havia acabat de créixer i la cosa que li havia quedat semblava un petit bec d'àguila tot esguerrat i flonjo. Però només era flonjo a la mirada. Alguna vegada que me l'havia deixat tocar havia pogut apreciar que per dins no era gens tou, perquè hi tenia un bon grapat d'ossos. El que passa és que estaven desordenats i s'havien agrupat juntets en comptes d'allargar-se. A banda de portar-li el tomàquet, aquell matí estava preocupat per ell, perquè feia una calor d'infern i tenia por que es desmaiés. Alguna vegada li havia passat. Respirar aquell aire era com anar engolint boles de foc. Fins el tomàquet que portava a la mà s'havia començat a estovar i amarar d'una suor llefiscosa.

Quan ja devia fer una bona estona que el cercava, vaig sentir uns esbufecs com d'animal. Em vaig quedar immòbil, perquè no havia sentit mai cap bèstia com aquella. Els panteixos cada vegada eren més forts i com més m'atansava cap a aquell revolt més sons s'hi afegien. Rere cada esbufec algú arriava una bèstia amb cops molt violents. Cops secs fets amb una mà plana sobre una pell. Si m'haguessin avisat abans del que veuria quan abaixés la vista cap a aquell revolt de la riera, hauria retrocedit sense pensar-m'ho dues vegades. Però ningú em va poder avisar. O almenys no en aquell moment i de manera clara, perquè mira que el capellà m'ho havia repetit una vegada i una altra. Per això ens van expulsar del paradís i per això Jahvè va lamentar d'haver fet l'home a la terra. Però jo fins llavors havia escoltat aquelles històries del capellà com si fossin part d'un passat molt llunyà i encara no havia descobert que l'home de les escriptures també podíem ser tots nosaltres. Que tots portàvem una mica de la seva carn. I el meu germà en portava molta, perquè aquells esbufecs no eren de cap bèstia, sinó que com folls li naixien a ell. En Tomàs era a sobre de la mare envestint-la per darrere com un toro mentre ella s'aferrava amb les dues mans a unes arrels que sobresortien de la paret salvatge i sorrenca de la riera. Ella esbufegava com una vaca i ell li pegava a les natges, que li sortien per sota de la faldilla aixecada, i com més fort la colpejava més li salivava la boca. No els podia veure la cara perquè estaven d'esquena, però sentia com de tant en tant en Tomàs xuclava la saliva que se li anava acumulant a la boca. Amb la mà que li quedava lliure, enfonsava el cap de la mare a la terra que es desfeia sota les arrels i semblava que ella no pogués respirar. Els crits li sortien bruts, barrejats de pols. Ell li anava dient que ella era seva. I ella li responia que seva per sempre i ell vinga pegar-li i pegar-li fins que per fi va acabar. Jo no m'havia pogut moure d'allà. M'hauria agradat arrencar a córrer i deixar de mirar-los, però hi havia una part de mi que no s'ho acabava de creure i necessitava quedar-me més estona per acabar d'empassar-m'ho, no només amb els ulls, sinó també amb el pensament. Després de la violència d'aquella violació, quan ella encara tenia la cara enfonsada a la terra i el cul enlaire, ell la va començar a acariciar amb cura, resseguint-li l'esquena, i ella no deia res.

Com si ara de sobte se l'estimés. Llavors de mi va néixer un instint ferotge, com d'assassí. Una ràbia que no havia sentit mai i que vaig contenir perquè no volia que sortís, i per això se'm va anar concentrant a la gola. Tenia ganes de matar el meu germà, d'ofegar-lo. Però jo no era així. No volia ser així. Jo no havia estat mai així i no el podia assassinar perquè era el meu germà, però ella era la meva mare i tot se'm va fer una muntanya massa grossa i vaig agafar el tomàquet que tenia a la mà i que ja havia començat a desfer-se, perquè jo l'havia espremut massa, i el vaig llançar contra l'esquena d'en Tomàs i vaig començar a córrer i no vaig parar, ni tan sols quan vaig caure per terra i em vaig fer sang en un braç i una cama, fins que vaig arribar a la pineda que rodejava la font de les Noies i em vaig posar a cridar. Ben fort. Cridava perquè el meu dolor era insuportable i la ràbia m'escanyava el pensament. Necessitava treure-la, arrencar-me-la. També vaig plorar. Però no sentia pena, sinó impotència. El que més ràbia em feia era que aquell pecat es podia haver evitat. Que havia estat decidit, que no era el fruit d'un atzar com una tempesta o una plaga sobre les vinyes. Que mentre el meu pare, aquell tros de molsa despreocupada que no feia més que treballar i que semblava que no tingués res més a dintre que aquell amor etern per tot allò que tenia a veure amb la terra, s'esforçava per fer pujar la família, el seu hereu havia decidit robar-li la dona quan li vingués de gust descarregar. Sí, el seu hereu, el seu propi fill, agafant la mare com si fos una cosa i pegant-li a les natges fins que quasi enrogien del color de la sang.

Per això Jahvè, fill, es va lamentar d'haver fet l'home a la terra, em va repetir el capellà, sense cap aire de sorpresa ni de plany, com si allò que jo li havia confessat després de travessar el llindar de l'església ja s'ho hagués estat esperant. Jo encara suava, angoixat, i les meves cames intentaven seguir corrent, però el meu pensament havia decidit aturar-se allà. No buscava consol. Potser només una mica de temps per rumiar què faria a partir d'aleshores. Va ser a la nit, mentre la ràbia no em deixava dormir, que vaig decidir fugir per intentar perdonar-lo. Potser fins i tot oblidar. Però va arribar un moment que em vaig adonar que de res servia continuar fugint, perquè aquella cosa ja la portava dintre. Que el que havia de fer un home era afrontar. Tres anys eren prou perquè en Tomàs hagués tingut temps de penedir-se'n i aturar la barbàrie. I per això vaig tornar. Potser pensant que aquesta vegada m'atreviria a matar l'home o germà o toro salvatge que s'havia atrevit a ultratjar la seva pròpia mare, però sabent que no tindria mai la valentia de fer-ho i que només tornava perquè ell em jurés que tot allò s'havia acabat. Que havia estat aquell dia i prou. Un moment de feblesa, com podem tenir tots els homes. Un moment de descans de la gran i feixuga càrrega que és la moralitat. Però no, ell no pensava aturar-ho. I apuntant-li l'escopeta li vaig dir que tenia una oportunitat. Que només m'havia de dir que allò s'acabaria. Fins i tot li vaig dir que no m'importava gens el que havia seguit fent amb la mare els tres anys que m'havia absentat, però que, a canvi, m'havia de dir que sí, que ja era el moment d'aturar-ho. No ho faré, Joan, em va dir amb tranquil·litat. No ho aturaré. Tu no ho entens. No ens entendràs mai.

Llavors ho vaig veure clar. Només em quedava una opció. Havia arribat l'hora de disparar l'escopeta. Ell estava quiet, tranquil en la que seria la meva última nit, mastegant tabac recolzat en un piló de palla, sense canviar de decisió i sense intentar impedir-me res, i jo l'apuntava amb les mans tremoloses intentant arreplegar valor per matarlo. Però no ho vaig poder fer. Vaig preferir la fugida a la marca divina. I el meu error no va ser perdonar-li la vida, sinó deixar caure l'escopeta a terra abans de fugir de nou. Ell la va agafar i em va disparar. Per darrere. Com a un animal. I llavors va ser el tret i després la mort. O primer el tret i després el patiment que em va portar a la mort. Però sobretot la mort.

13. ENRIQUETA

Jo intentava no moure'm gaire d'aquella cadira, perquè tot el que tocava estava ple de pols. Estava convençuda que l'home que deia ser el meu tiet –un home que potser havia vist un parell o tres de vegades i que durant els dos anys que la mare havia estat malalta, rebentada en aquell llit sense moure's i perdent cada dia més i més quilos, no es va dignar a portar-li ni un ram de flors– considerava aquell despatx fosc i lúgubre com el seu mausoleu. Un espai completament mort i ple de fantasmes, atapeït d'andròmines que li devien semblar valuoses i a través de les quals intentava fer-se creure que havia aconseguit ser alguna cosa a la vida. A la seva dona no la devia deixar entrar a tocar res –encara menys a netejar res– i ves a saber què hi devia haver en tota aquella paperassa que s'acumulava pels racons. Per asseure'm havia hagut de treure de la cadira i deixar a terra uns quants patracols i blocs de notes i una tassa de cafè que ja havia començat a criar vida. Aquell home estava més mort que viu i tot i així s'entestava a parlar sense parar. I pensava: Però quan pararà amb tot aquest reguitzell d'excuses? És evident que tant ell com jo tenim ganes de perdre'ns de vista. Però suposo que ara que la mare –la seva germana petita, a qui mai havia donat ni un ral per pagar-se cap medicament, i encara rai que ella sempre havia estat una dona estalviadora i tenia uns quants quartets en un pot de confitura que amagava rere el capçal del llit i que em servien per baixar a l'apotecari a comprar llet de burra perquè hi pogués fer gàrgares– s'havia mort, l'home havia començat a tenir remordiments. De seguida que l'havíem enterrada s'havia entossudit a tranquil·litzar la seva consciència col·locant-me en algun lloc on pogués guanyar-me la vida, perquè no li havia ni passat pel cap acollir-me a casa seva. La meva dona i jo, em deia, com si la seva dona hagués tingut la més lleu capacitat per decidir res en aquella casa on tot estava disposat de tal manera que a ell li anés bé, la meva dona i jo, em deia, com si realment li importés el que la seva dona pensava o desitjava o creia o simplement volgués utilitzar-la per acabar d'excusar-se per aquestes coses que fan els homes, que quan volen treure's responsabilitats del damunt utilitzen qualsevol dona que callarà i afrontarà la mentida d'ell per tal de no decebre'l mai de la vida, hem pensat que el lloc més apropiat per a tu, ara que la meva germana, la meva estimada germana, se'ns n'ha anat, és l'hospici de Santa Magdalena. I el pitjor de tot és que el bufacaldos creia realment que aquella era la solució més escaient: obligar una nena òrfena, solitària, acostumada a vetllar una dona que feia dos anys que vivia quasi dins la mort, a cuidar altres orfes, solitaris, de qui no s'espera res més que la mort i que deixin lliure el llit per al següent que arribi en aquella fàbrica de cadàvers. Però jo l'únic que sentia a dintre era un cansament terrible i l'únic que tenia ganes de fer era fugir d'aquell despatx. Només vaig poder respirar fondo quan em vaig trobar en aquell carrer de Barcelona sense cap companyia. I no només pel fet d'haver deixat de respirar el tabac que, tot i que en tota aquella estona l'home no havia encès cap cigarreta, ja havia arrelat en totes les ombres d'aquella casa ennegrida per la sutja melancòlica de la seva abúlia vital, sinó perquè jo ja no havia de fingir cap dol ni aguantar ningú i podia patir la meva pena com a mi em vingués més de gust. Amb una mà agafava la maleta que una setmana enrere havia contingut botelletes de xarop i que ara només contenia unes taronges embolicades amb uns vestits vells de la mare. A l'altra mà hi duia el paper doblegat amb l'adreça de l'hospici, lligat a un farcellet diminut amb anissets a dintre que aquella dona desesperada i emmudida m'havia preparat amb tota la bona fe del món després que el seu marit li manés fer-ho. D'ella, aquella moreneta de Montserrat esprimatxada i oblidada al bell mig d'una casa plena de ciris i de fumarada, amb la cara plena de rancúnia pel dol d'aquella criatura que el seu home no li havia ficat a dins, jo no en sabia ni el nom, però encara avui la recordo amb molta compassió. I és ben estrany, perquè no l'he tornat a veure més, i aquella tarda només va aparèixer uns quants cops a la conversa per tal d'ocupar-la amb el seu silenci sorollós, i des de darrere de la porta, mentre ens espiava, entretenir-la amb algun atac de tos que tant l'home com jo havíem fingit no sentir.

Al carrer feia fred i mal temps, però encara no havia començat a caure el ruixat. Les meves manetes semblaven dues boles de gel inertes. Em feien molt mal i la maleta pesava força. Però no podia estirar els dits i no podia canviar-la de mà i havia de suportar aquell embalum de pes que m'esguerrava els músculs i aquell mal d'esquena que em feia anar torta. Ben bé no sabia cap on m'havia de dirigir, però encara no tenia ganes de preguntar l'adreça a ningú. A prop de la plaça de Sant Jaume, m'havia dit l'home. Ja ho preguntaria quan fos allà. Agraïa el xivarri que hi havia a aquelles hores al carrer i els carros amunt i avall que pintaven amb les rodes aquell empedrat grisenc i llardós que ja feia dies que desitjava pluja. Amb tot aquell rebombori passava desapercebuda i pocs homes em deien coses i encara no se'm feia més gran el nus de l'estómac. No m'havien fet mai por, però quan em deien obscenitats no sabia per quin motiu no m'atrevia a dir-los res i quan em deien coses boniques els somreia quan en realitat em repugnaven. Quan vaig arribar a la plaça de Sant Jaume ja no sabia cap on havia de tirar. Vaig deixar caure la maleta a terra i amb el cop va mig deslligar-se per un dels cantons. Però no podia arreglar-la amb aquells dits entercs i congelats. Vaig intentar moure'ls i com més obria la mà per despertar-los més em cremaven. Quan el dolor ja no era gaire fort, amb les mans vaig trencar el cordill on hi havia lligat el paperet amb l'adreça i abans d'obrir-lo em vaig fixar en aquell home que cridava des d'una de les cantonades de la plaça. S'esgargamellava demanant unes monedes per a una mica de pa. Llavors vaig acostar-m'hi i li vaig donar el farcellet amb els anissets i ell va cridar-me: Si no tens calés marxa, meuca! I llavors em vaig espantar i els anissets van espargirse per terra com si s'hagués esmicolat un collaret de perles de colors i em vaig posar a córrer fins que vaig topar amb una dona que em va preguntar cap on anava amb aquelles presses. Jo encara no m'havia refet de l'espant i no podia parlar i vaig donar-li la nota i la va obrir i va abaixar el cap i em va dir que no sabia llegir. I llavors la hi vaig prendre i li vaig llegir l'adreça i em va indicar cap on era.

Quan hi vaig arribar ja hi havia aquell galifardeu del porter amb una escombra a la mà esperant-me. Ja havia caigut una mica de mullena i tot era fangada. Em va reconèixer de seguida. Suposo que li va ser fàcil perquè jo duia la cara plena d'esglais i, a més a més, no m'havia entretingut gaire i arribava a l'hora. Per fer temps mentre m'esperava havia anat arrambant a banda i banda dels esglaons de l'escala de pedra una gran muntanya de fulles brutes i pèls d'animals i trossos de coses que jo desconeixia. Es notava que l'escombra havia passat per allà uns quants cops i havia agafat direccions molt maldestres. El lloc feia molta pudor. Els esglaons estaven gastats, però el carrer no era tan estret com em pensava i encara es podia llegir amb bastanta claredat des de baix el cartell que presidia l'edifici: HOSPICI DE S NTA MAGD ENA. Uns coloms havien cagat sobre les lletres restants. Vaig pensar que potser amb una mica de sort aquest carrer era prou ample perquè el soroll s'escapés i podria posar-me a dormir. Que potser amb una mica de sort podria dormir en una habitació sense finestres. Ja veuràs com t'agrada el lloc, noia. Ja m'han dit que saps cuidar molt bé, deia l'home. I mentre parlava les galtes se li arquejaven i la pell de la cara se li tensava i llavors es reprimia com si volgués evitar que se li escapés el riure. No m'agradava gens la seva presència. Oi que sí, noia? Segur que t'agrada molt quedar-te amb nosaltres, deia. Jo estava cansada, i per calmar el mareig que aquell home em provocava m'intentava convèncer a mi mateixa que m'ho estava imaginant tot. Que després d'haver passat tant de temps sola només necessitava tornar-me a acostumar a compartir una mica la vida. Només això. Te n'adjudicarem dos, em deia, ja veuràs que t'ho passaràs bé amb ells, i jo sentia que m'ho deia amb dolenteria, però pensava que era jo que estava una mica malament del cap, que tant temps sola amb una dona que tenia tanta por de la mort i per aquest motiu només parlava quan l'angoixa no li enfosquia el pensament m'havia posat una mica malalta de l'esperit. Ja veuràs com de divertits i fàcils que són, només dos perquè així no tinguis tanta feina, noia, t'ho dic que ja ho veuràs. Però jo encara no volia saber res de ningú i només volia deixar-me caure morta i sotmetre'm a aquell cansament que m'arrossegava i a aquell dolor al pit que feia dos anys que amagava i que cada vegada era més intens. Ja veig que ets poc parladora, noia, caram, si ets ben joveneta, noia, hauries d'estar tot el dia somrient. I jo no veia la manera de foragitar-lo de la meva habitació i encara pensava que acabaria demanant-me per resar junts i tot, però per fi em va deixar estar i em va dir que no em preocupés, que descansés, que ja s'encarregaria una de les dones de venir a despertar-me. Però no em va caldre ningú. Quan van trucar a la porta jo ja feia dues hores que m'havia despertat, i no perquè durant la nit no havia parat de tronar i el cel de tremolar i fer renou, sinó perquè havia somniat que la mare tornava a estar viva i que cridava del dolor que li feien les cames inflades i que jo havia d'agafar-li la mà i posar-li de pressa dins la boca unes quantes cullerades de xarop. No sabia quina hora era, però sabia que no havia dormit gens. Que havia tancat els ulls una mica i encara tenia cansament. Havia passat la nit donant voltes al llit sota aquelles mantes que picaven i posant el cap a sota d'aquell coixí per escapar-me de la llum que entrava per la finestreta i d'aquella angoixa i d'aquella pena que de tan fondes no em permetien ni posar-me a plorar.

Vaig sentir els tocs de darrere la porta com una salvació, perquè sabia que em posarien a fer coses i que per fi podria deixar de pensar. Al passadís vaig trobar-me una dona grassa que em va mirar de dalt a baix com si em mesurés i que em va dir que quan estigués vestida baixés a esmorzar. No tenia ganes de parlar amb ningú i tampoc ningú em va presentar, però semblava que tothom tingués la mirada posada sobre mi. No feia ni dos dies que havia enterrat la mare i no tenia esma per menjar res. Aquella olor de llet calenta i rebullida encara em tancava més l'estómac.

Però vaig agafar el got amb les dues mans i, després de respirar fondo, vaig fer-ne uns glops perquè ningú es pensés que era una maleducada. Per culpa del malestar que portava dins del cos, l'home em va haver de cridar dues o tres vegades, perquè jo no sabia ni on era. Li vaig preguntar on havia de deixar el cafè i el tros de pa que no m'havia menjat i em va dir que no em preocupés, que tenia ganes que conegués aquell parell. Que d'endreçar-ho tot ja se n'encarregaria una altra de les dones. Ell no ho faria pas. Jo tenia molt mal de cap. Volia donar-me cops per veure si aquell dolor parava, però no ho podia fer allà al mig.

I una altra vegada, abans d'arribar a l'habitació, mentre el seguia per aquell passadís, encara em va semblar que el porter tornava a riure i tornava a reprimir-se. Per un moment vaig creure embogir, perquè no podia ser que malpensés de tothom, però quan vam arribar en aquella cambra on hi havia aquells dos pobres dels qui m'havia d'encarregar tot feia pudor de pixum. Algú havia posat papers de diari a terra i s'havien quedat grocs i enganxats a les rajoles. Hi havia un vell amb els cabells llargs despullat del tot i assegut a terra en una cantonada on s'hi havia pixat, i al llit un altre home d'una edat incerta que també semblava del tot desballestat perquè quan vaig entrar per la porta i el vaig saludar no em va veure. El primer es deia Angelet i el segon Tomàs. Li vaig preguntar al porter si aquell parell ja havien esmorzat. Aquí no hi ha menjar per a tothom, noia. No sempre tothom pot menjar. Perquè uns mengin, els altres han de passar gana. La vida va així, noia, ja ho veuràs. Et creus que se n'adonen? I ara sí que no va reprimir-se el riure. Jo cada vegada tenia més ganes que aquell home sortís d'allà.

En aquell hospici cada dia fèiem la mateixa rutina i a mi ja m'anava bé, perquè així estava tot el dia ocupada i només m'entrava aquella pena a les nits. De totes maneres, havia començat a aprendre alguns trucs per suportar-la. Un era estar-me dos dies sense menjar. La punxada de l'estómac em feia tant mal que ho dominava tot i amagava el dolor del dol de la mare. Quan no mirava ningú, em guardava dins les butxaques els trossos de pa i de patata bullida que m'havia donat la cuinera i que no m'havia menjat i els portava a aquell parell de ximplets. Si alguna menja tenia una mica de suc i se'm tacava la bata durant el trajecte, a la nit remullava aquella part amb aigua i la fregava i l'estenia en un cordill que m'havia penjat de punta a punta de l'habitació i al matí ja quasi no feia pudor. També m'havia acostumat a l'olor dels pixats de l'Angelet i ja no era tan forta. De fet, havia tingut dos anys per acostumar-me a aquella fortor, perquè a vegades la mare s'havia despertat amb el llit pixat i la cara avergonyida, i com que no teníem diners per netejar els llençols, jo només li girava el matalàs i la tornava a estirar per la part que estava seca després d'haver-la despullada i un cop havia remullat i estès la seva roba al balcó. És per això que quan entraves al piset hi havia èpoques en què el pixum ho envernissava tot. És una olor molt densa i difícil de gitar.

Però no feia ni un mes que estava tancada allà dintre que els vius ja m'havien condemnat. Als seus ulls, aquell temps de prova que m'havien donat per descobrir si era digna de confiança s'havia fos, i ja formava part dels qui no es mereixien la parla. El porter ja no amagava les seves burles i ara les feia obertament. Ja m'han dit que avui t'has trobat una bona xocolatada, eh, noia! I es posaven tots a riure desvergonyidament. Amb el temps m'he adonat que la maldat és com la morfina. Que amb una mica al principi en tens prou, però que cada vegada en necessites més per sentir-te millor i encara més i més si tens un bon públic a qui no pots decebre amb les teves humiliacions i bromes de mal gust. Ja l'has tastada, la xocolata? Potser t'ha tret la gana i tot. Però el que no sabien era que preferia haver de netejar aquella cagarada que l'Angelet havia escampat per tot arreu de la cambra menys dins l'orinal, que sorprenentment no havia tocat mai, en un d'aquells atacs que li agafaven, que suportar-los a ells en una de les cambres grans i haver de sentir les seves històries banals que m'importaven tres pebrots. Ells es pensaven que em castigaven, tancant-me allà amb aquells dos que ningú volia tocar, però a mi em feien un favor perquè així no havia de sofrir cap de les converses amb què tothom m'havia perseguit i atacat tota la vida. Estava farta de fingir. Al principi fins i tot havia arribat a sentir la malaltia de la mare com un consol, perquè així tenia una excusa per poder tancar-me a casa i no haver d'aguantar a ningú. Una excusa que ningú em qüestionava. I no negaré que a vegades em feia por que acabés malament del cap i quedar-me sense amics i tenir una cosa a dins que em fes ser una persona massa trista, però el temps m'havia ajudat a acceptar-me tal com era i a deixar de patir. Només a vegades m'agafava una d'aquestes pors, però al cap de dies desapareixia per mera supervivència.

Nihil novum sub sole, que diu la Bíblia. Els maleïts de l'hospici eren com la resta, però simplement es trobaven tancats i jo amb ells i m'era molt difícil escapar-me'n. Només em tranquil·litzava ficar-me a la cambra d'aquell parell i escoltar-los i netejar-los o passar la clau de la meva habitació i esperar que em vingués el son. Els maleïts seguien divertint-se, dia rere dia, perquè es pensaven que humiliantme i retirant-me la paraula em castigaven i em condemnaven, però no s'adonaven que així em salvaven i em permetien estar sola i no haver d'intentar comprendre aquella enfiladissa seva de ximpleries que no havia entès mai i que sempre m'havia avorrit tant. Almenys en Tomàs i l'Angelet ja no volien ser ningú ni necessitaven demostrar a ningú que ho eren. Eren lliures, perquè no els importava l'honra ni res que els altres poguessin pensar d'ells. Havien assumit que ningú els observaria mai més i així podien deixar córrer la seva bogeria amb llibertat total. Les seves ficcions em resultaven molt més interessants que qualsevol paraula buida i monòtona de persones que es consideren captivadores i que només parlen del que els altres permeten que es pugui parlar. Com si ells no estiguessin malament del cap, també. En aquell hospici, els qui es consideraven lliures eren esclaus i només aquell parell d'homes condemnats s'havien pogut escapar de tota banalitat. Tampoc els altres pobres de les sales grans havien pogut defugir la misèria moral, perquè n'hi havia que es dedicaven a riure's dels altres. Es miraven l'Angelet i en Tomàs per sobre l'espatlla pel simple fet de poder-se passar ells mateixos la pedra de sabó pel cos i no llevar-se pixats al dematí. Per mi aquells no eren més que homes vulgars i curts de gambals. Homes que havien viscut massa temps en el món dels vius i que encara no havien acceptat la seva nova condició i necessitaven reafirmar-se. Però ja havien entrat en el món dels condemnats, de la mateixa manera que ho havien fet en Tomàs i l'Angelet i també jo, i com més aviat se n'adonessin, abans descobririen el plaer amb què aquesta nova condició els podia recompensar.

L'Angelet cada matí m'explicava que hi havia un pardal que se li posava a la mà i li cantava serenates. Sempre el mateix pardal. Tan bon punt sentia les meves passes apropant-se a la porta, l'home s'asseia al capçal del llit d'en Tomàs i treia la mà per la finestreta, que estava foradada perquè un cop de pedra abans que jo arribés n'havia trencat el vidre. Llavors em renyava amb tendresa, perquè deia que amb la meva entrada havia espantat el pardal, que feia uns segons se li havia plantat a la mà, i jo li treia el braç de la finestreta i li deia que deixés de posar-l'hi, que algun dia s'acabaria fent un bon tall amb els vidres que hi quedaven. Després de retirar els papers de diari que a la nit havia repartit per terra per quan ell es pixés, en feia una bola i amb la bola taponava el forat per veure si l'Angelet deixava estar aquella història d'una vegada. Però l'endemà l'home havia llençat la bola de paper al carrer i tornava a treure la mà per la finestreta. Més que un joc, s'havia convertit en un costum, perquè al cap de dues setmanes de fer cada dia el mateix jo ja havia començat a cansar-me'n. Però ell es divertia d'aquella manera i jo me l'estimava i volia fer-lo feliç, i per aquest motiu continuava representant aquella funció cada matí quan obria la porta i ell deixava anar unes rialles profundes que no trigaven a convertir-se en tos.

En Tomàs, en canvi, tenia més imaginació. Al principi m'havia arribat a fer una mica de por, perquè quan li agafava aquell atac de bogeria s'arrencava blens de cabells i llavors es passava setmanes cobert de clapes, però de seguida vaig veure que aquelles coses estranyes que deia parlaven d'una dona de qui s'havia enamorat i que només necessitava desfogar-se i no em volia cap mal. Jo ja sabia que havia estat ell, no parava de repetir. El pare i en Pere haurien vingut a trencar-me la cara com fan els homes. La Maria i el nen haurien callat. Només ell podia haver-me tirat aquell tros de tomàquet. Jo a vegades no entenia res de res, perquè començava a parlar de naps i acabava parlant de peres. Però m'agradava escoltar-lo mentre li netejava les nafres, perquè m'omplia el pensament i m'allunyava de la foscor que duia a dins i alhora em feia descobrir les coses que feien la gent dels pobles, perquè jo sempre havia viscut a ciutat. En Joan no ens entenia. Va marxar perquè es pensava que era una cosa que no era, però no era el que ell es pensava. Ell no ens entenia, perquè la gent no pot comprendre allò que no s'esforça a entendre. Ens estimàvem. Ella ho volia tant com jo. Per això havia de posar fi al seu patiment, ho entens? Ell era el meu germà i jo el seu germà i el meu deure era posar fi al seu patiment. Són obligacions de la sang. Ell no podia seguir patint d'aquella manera i no ho hauria entès mai perquè jo tampoc sabia com explicar-li-ho. Jo no en sabia més, ho entens? Havia de posar fi a aquell patiment. I cada dia m'anava explicant més parts d'aquella història i jo l'anava reconstruint a poc a poc, com retalls espedaçats trobats a les escombraries que de mica en mica s'anaven convertint en una història d'amor. A vegades em feia por que aquell conte s'acabés, perquè ja no sabria amb què omplir el temps, i per això agraïa que el pensament se li quedés atrapat en un fragment que podia repetir una setmana seguida. Jo encara tenia malsons i el dol de la mare em feia malifetes per dintre. No estava preparada per marxar. On aniria? Sabia que era massa jove per portar tanta tristor a dintre, però tampoc sabia si em fugiria mai. Amb ells dos estava tranquil·la, perquè podia plorar o callar i no sentir-me jutjada. Va ser ella qui va començar, em va dir. Jo devia tenir uns dotze o tretze anys i en Joan i en Pere ja havien nascut. Sí, havien nascut. Ja eren prou grandets. Ho recordo bé. Els dos havien sortit a buscar bolets amb el pare i jo m'havia quedat a casa cuidant-la, perquè es trobava malament. Cuida-la, m'havia dit el pare. Però jo m'avorria. Un casalot tan sol i un noi tan jove i tantes coses a fer i ningú que t'obligui a fer-les... Ja m'entens... Era el matí i m'avorria. Vaig pujar a veure com estava. I sí que n'estava, de malalta, tota arraulida com una pansa en una punta del llit, embolicada amb una flassada vella com si volgués amagar-se d'alguna cosa. Què li passa?, li vaig preguntar. No em va respondre. Em vaig estirar al seu costat. El matalàs estava fred. Ella seguia embolicada sense moure's. La son se'm va anar ficant als ulls i quan em vaig despertar em mirava. Encara estava tapada amb aquella cosa, però no del tot, i el front i el manyoc de cabells i els dos ullets em miraven. Tu ets l'únic home a qui deixo estirar-se així amb mi. Ho saps, oi, Tomàs? I jo estava content d'escoltar que era el seu fill preferit. Tu ets un nen bo i seràs un home bo. Llavors d'aquella manta en va treure un braç i em va ficar la mà dins del pantaló. I em va dir: T'agrada, oi? I sí que m'agradava. I jo li deia a en Tomàs: Ai, calla! Aquestes coses queden entre la teva estimada i tu. No siguis marranot! I ell: Ho veus com va començar ella? Ella també ho volia. En Joan ho va entendre tot al revés. Aquell matí cada vegada tenia el penis més gran. Més inflat. I ella continuava dient-me: Tu ets l'únic home a qui deixo estirar-se amb mi així. I que et digui això t'agrada, veritat? Però quan en Tomàs començava amb aquelles obscenitats jo fugia fent veure que m'enfadava, perquè no volia saber res del que ell hagués fet amb aquella dona, però realment em notava les parts de baix humides i em feia vergonya i havia de refrescar-me de nou, perquè em sentia una pertorbada. Els de poble sempre han anat forts. I ell: No em va caldre que m'expliqués que allò que fèiem no ho havia de dir a ningú. Jo ja sabia que no estava ben vist. Però nosaltres no teníem por. D'alguna manera una part del meu cos era seva per naixement, ho entens? Sempre que trobàvem una estona ens hi posàvem. Ai, calla, per Déu! Però no tot van ser flors i violes. Un dia va arribar aquella cosa esguerrada que només tenia un braç i una cosa boteruda a l'altre costat i a mi em feia gelosia, perquè se m'assemblava. Perquè era fill meu. Però li xuclava les mamelles. Aquelles mamelles que només eren meves. I jo sabia que ella sabia que jo l'apallissava al bressol, perquè ella li veia els blaus i ningú podia fer veure que no hi eren, però no em va renyar mai, perquè jo ja no la tocava. Volia castigar-la, perquè estava tot el dia amb aquella merda esquifida que només plorava i jo volia que estigués per mi i tornés a ser meva. Vam estar uns anys sense tocar-nos. I quan el nen va començar a caminar, li vaig dir que no el volia a prop dels meus camps. Que si volia que la tornés a tocar l'havia de deixar córrer com un animal, perquè és el que era. Que se les empesqués com volgués perquè els altres s'ho creguessin, però que aquella cosa no podia trepitjar els meus camps de la mateixa manera que ho feia jo. Jo anava primer i jo ho decidia. Ho entens? Llavors va tornar a ser meva. Només meva. Però i el nen? Què va passar amb el nen? No us vau casar? Se'n va anar. Un dia va caure a terra, però jo no m'havia preparat per a aquest moment i ja estava morta. I si jo no la podia tocar, ningú havia de poder-la tocar, no? Perquè només era meva. Ella m'ho deia. De veritat que sempre m'ho deia. I la millor manera de protegir-la era cremant-la. Havia de convertir-la en fum. Llavors ningú més la podria tocar. Però això tampoc ho hauria entès, en Joan. Estic segur que això tampoc ho hauria entès.

TAULA